KB047452

4·16구술증언록 단원고 2학년 3반 제2권

그날을 말하다

은지 아빠 한홍덕

이 도서의 국립중앙도서관 출판예정도서목록(CIP)은 서지정보유통지원시스템 홈페이지(http://seoji.nl.go.kr)와
국가자료공동목록시스템(http://www.nl.go.kr/kolisnet)에서 이용하실 수 있습니다.
CIP제어번호: CIP2019009405

4·16구술증언록 단원고 2학년 3반 제2권

그날을 말하다

은지 아빠 한홍덕

4·16기억저장소 기획 편집
(사) 4·16세월호참사가족협의회 지원 협조

일러두기

1. 음절로 식별 가능한 소리를 들리는 대로 전사하는 것을 원칙으로 한다.

2. 의미를 파악하기 위해 추가 설명이 필요할 경우 [ ]로 표시한다.

3. 몸짓, 어조 등 비언어적 행위는 ( )로 표시한다.

4. 구술자가 말을 잇지 못해 말줄임표를 사용하는 경우 ……, …로 길고 짧음을 표시한다.

5. 비공개 영역은 〈비공개〉로 표시한다.

6. 비공개해야 하는 희생자 형제자매의 이름은 ○○, △△ 등의 도형기호로, 생존자의 이름은 A, B, C 등 알파벳 대문자로 표시한다.

7. 비공개해야 하는 제3자는 직분이나 소속, 성만 공개하고, 이름은 ××로 표시한다. 비공개해야 하는 숫자는 자릿수에 상관없이 □로 표시하며, 지명은 □□로 표시한다.

책머리에

4·16기억저장소에서는 세월호 참사 5주기를 맞아 구술증언 수집 사업의 결과물 일부를 100권의 책으로 발간하게 되었습니다. 이 사업은 2015년 6월부터 다양한 학문 분야 구술 연구자들의 자발적인 참여로 진행되어 왔으며, 세월호 참사를 좀 더 정확하고 다각적으로 기록하고 기억하고자 하는 노력의 일환으로 수행되었습니다.

2014년 참사 발생 이후, 참사 피해자들의 목격담과 경험은 안타깝게도 공식적인 국가기관과 언론의 기록 속에서 철저히 소외되거나 왜곡되었습니다. 그것은 세월호 참사가 우리에게 안긴 죽음과 고통의 충격만큼이나 우리 사회의 끔찍한 비극이었습니다. 따라서 사업을 진행하면서 세월호 참사 희생자 가족, 생존자, 생존자 가족, 어민, 잠수사, 활동가, 기자 등등, 참사의 초기 과정을 직접 경험한 분들의 증언을 우선적으로 수집했습니다. 구술자는 이 사업의 취지와 방식에 개인적으로 동의한 분 중에서 선정했으며, 참여 과정에 어떠한 금전적 보상이나 이익이 제공되지 않았습니다. 또한 구술증언 수집 사업을 진행하는 동안, 면담자는 연구자이자 참사를 겪은 공동체 시민으로서 최대한 윤리적이고자 노력했습니다.

구술자마다 매회 약 2시간씩 3회를 원칙으로 음성 녹취와 영상 촬영을 하는 방식으로 진행되었고, 증언의 일관성을 확보하기 위해 면담자는 큰 틀에서 공통 질문지를 사용했습니다. 공통 질문지의 내용은 참사와 구술자 간의 관계성에 따라 차이가 있지만, 유가족 구술의 경우 1회차 '참사 이전의 삶, 팽목항과 진도에서의 경험, 자녀에 대한 기억'을, 2회차 '참사 이후 투쟁과 공동체 활동 경험'을, 3회차 '참사 이후 개인 및 가족이 경험한 삶의 변화와 깨달음, 자녀의 현재적 의미'를 중심으로 했습니다. 이처럼 증언 내용은 참사 이전에서 시작해 참사 발생 당시의 경험과 이후의 변화 과정까지 폭넓게 수집했고, 면담자는 구술 채록 과정에서 구술자의 발화를 최대한 존중하고자 했으며, 무엇보다 각자의 특수한 경험과 다른 시각을 충실히 반영하고자 했습니다.

이 구술증언록의 발간을 위해, 채록된 음성 자료는 문서로 변환해 구술자와 함께 검토했고, 현재 시점에서 공개할 수 있는 영역과 할 수 없는 영역으로 구별했습니다. 따라서 책에 실린 내용은 모두 구술자로부터 공개를 허락받은 부분입니다. 비공개 영역은 추후 구술자의 동의를 받아 적절한 절차를 거쳐 추가로 공개될 수 있으리라 생각합니다.

그날을 말하다

이 구술증언록 100권에는 그동안 우리 사회에 왜곡되어 알려지거나 잘 알려지지 않았던, 참사 발생 직후 팽목항과 진도 혹은 바다에서의 초기 상황에 관한 중요한 증언이 포함되어 있습니다. 또한, 자녀를 잃는 잔인하고 애통한 상황을 겪으면서도 그 누구보다 강인한 정치적 주체로 성장할 수밖에 없었던 유가족의 마음과 경험을 구체적으로, 그리고 여러 각도에서 살펴볼 수 있습니다. 그 외에도, 이 구술증언록은 2014년을 전후한 한국 사회의 여러 측면을 드러내는 귀중한 자료가 되리라고 생각합니다. 무엇보다 국내외의 많은 분이 이 책을 읽어, 장차 세월호 참사의 진상 규명과 역사 서술에 기여할 수 있기를 바랍니다.

구술증언 수집 사업이 진행되고, 책으로 출간되기까지 많은 분의 도움과 지지가 있었습니다. 이 지면을 빌려 부족하나마 감사의 말씀을 전하고자 합니다.

먼저 (사)4·16세월호참사가족협의회와 4·16기억저장소에 감사를 드립니다. 이분들의 신뢰와 적극적인 협조가 없었다면, 이 사업은 처음부터 시작할 수조차 없었을 것입니다. 또한 어려운 정치 환경 속에서도 사업의 취지에 공감해 재정 지원을 결정해 준 아름다운가게와 역사문제연구소에 감사드립니다. 두 단체 덕분에, 이 사업을 4년 동안 계속해 올 수 있었습니다. 그리고 구술증언록 100권의 발간에 동의하고, 바쁜 일정에도 출판 실무를 기꺼이 맡아주신 한울엠플러스(주)에도 감사를 드립니다. 이 외에도 많은 개인과 단체가 직간접적으로 많은 도움을 주시고 격려해 주셨습니다. 여기에 모두 밝히지 못하는 것을 죄송하게 생각합니다.

　말할 필요도 없이, 가장 크고 또 가슴 아픈 감사는 구술자 한 분한 분께 드리고자 합니다. 이 책이 발간될 수 있었던 것은, 무엇보다 용기를 내어 아픔과 고통의 기억을 다시 떠올리고 장시간 진심으로 이야기를 해주신 구술자가 있었기 때문입니다. 오랜 시간 이야기를 나누며 함께 공감하기도 했지만, 그 아픔과 고통을 어떻게 가늠할 수 있을까 싶습니다. 더 큰 도움이 되지 못함을 안타까워하며, 이 구술증언록 100권의 발간이 피해자분들에게 조금이라도 위로가 될 수 있기를 기원합니다.

2019년 4월

4·16기억저장소 구술팀 책임자
서울대학교 인류학과 교수 이현정

차례

■ 1회차 ■

은지 아빠 한홍덕

구술자 한홍덕은 단원고 2학년 3반 고 한은지의 아빠다. 3남매 중 맏이였던 은지는 동생처럼 특별한 도움을 필요로 하는 친구들을 돕고 싶어서 특수교육과에 진학하고자 했던 믿음직한 딸이었다. 아빠는 언젠가 은지를 위해 맘껏 울 수 있는 그날이 오기를 기다리며 진상규명에 힘쓰고 있다.

한홍덕의 구술 면담은 2015년 10월 8일, 13일, 12월 8일, 3회에 걸쳐 총 8시간 동안 진행되었다. 면담자는 장미현, 촬영자는 김아람·명소희·장미현이었다.

구술자 본인의 프라이버시나 제3자의 프라이버시를 보호해야 할 부분을 제외하고는 구술자의 발화를 있는 그대로 전사했다.

1회차

2015년 10월 8일

1
시작 인사말

면담자   본 구술증언은 4·16 사건에 대한 참여자들의 경험과 기억을 기록으로 남김으로써 이후 진상 규명 및 역사 기술에 기여하고자 합니다. 지금부터 한홍덕 씨의 증언을 시작하겠습니다. 오늘은 2015년 10월 8일이며, 장소는 안산시 단원구 양지자활센터입니다. 면담자는 장미현이며, 촬영자는 김아람입니다.

2
동거차도에서 있었던 일

면담자   네, 반갑습니다. 구술 시작 전에 아버님 동거차도에 감시단 활동을 하러 가셨던 얘기를 잠깐 나눴었는데요.

은지 아빠   네.

면담자   정확하게 출발하신 날짜부터 여쭤봐도 될까요?

은지 아빠   갑자기 물어보니까…(웃음). 아, 10월 11일 날부터 들어갔어요.

면담자   10월 11일이요?

은지 아빠   10월 11일, 아냐, 9월 11일. 9월 11일부터 18일까지

들어갔어요.

면담자 　 원래 그 전에 1차로 가셨던 아버님들이 계셨잖아요?

은지 아빠 　 네, 선발대가.

면담자 　 그분들은 8월 말쯤에 출발하셨나요?

은지 아빠 　 가족[4·16가족협의회] 임원들이 처음에 가갖고 천막이
랑 거기서 필요할 거 다 준비를 했다고. 우리가 2차로 두 분이 가셨
는데 승묵이 아빠하고, 또 한 명 더 갔는데… 이름을 까먹어서. 두
분이 가서갖고 고생을 많이 했어요. 원래 한 세 명 가면 딱 좋은데.
우리는 처음에 시작할 때 9월 달에 그 계획을 짰거든요. 짤 때, 원
래 두 명씩 들어가기로 했는데 우리는 이제 세 명 들어가기로 해갖
고 결정, 아니 합의 본 상태에서 들어간 거기 때문에 그렇게 불편
한 거 없었는데. 두 명이 들어가니까, 그 카톡방이 있거든요? 동거
차도 카톡방이 따로 있어 가지고 [보고를] 올리다 보니까 되게 힘든
거야, 두 사람이 하니까. 한 사람은 감시를 해야 되고, 한 사람은
물을 준비하고, 밥 먹고 교대를 해야 하는데 [두 명으로는] 시간이
여의치가 않다고요. 그리고 그때 우리가 있을 때는 전기를 넣었거
든요. 근데 지금은 그 전 팀은 전기가 없어 갖고 좀 고생이 심했어
요. 물 뜨러 가면 [산] 밑에까지 내려갔다 와야 되고. 근데 저는 이
제 세 명이니까, 그 세 명이 소연이 아빠하고 윤민 아빠하고 3반끼
리 모여서 간 거예요. 이제 마음이 맞는 사람끼리 가고…. 우리는
딱 정해놨거든요, '우리는 무조건 가서 거기서 밥해 먹자' 하고. 내

가 이제 거기서 셰프를 하고, 그리고 소연 아빠는 물 나르고 잡일 같은 거 하시고 윤민 아빠는 감시를 하기로 정해놓고 간 거예요.

면담자　　　　역할 분담을 다 하고 출발하신 거구나.

은지 아빠　　　　네, 그러니까 편한 거예요. 돌아가면서 윤민이 아빠가 감시를 하면 내가 교대를 하고. 거기서 처음에 올라갈 때는 되게 힘들었어요, 엄청 힘들었다고. 안산에서 5시 반쯤 출발했어요. 그 전날이 9월 10일 날이 우리 당직 날이었거든요, 3반 당직. 그래 갖고 당직을 세 명이 서고 그다음 날 아침 거기서 출발을 한 거예요, 5시 반에. 그렇지 않으면 뭐가 문제냐면 이제 준비할 게 많거든요. 그럼 [먼저 들어가 있는 분들과] 교대를 해야 되니까 우선 일찍 가서 도착하면 준비할 거, 먹을 거 다 준비하고, 쌀도 4킬로그램짜리 하나 준비하고. 그리고 뭐 항상 가던 일이라서 이거 동거차도 하기 전에도 팽목을 자주 갔었어요, 한 달에 한 번씩은 꼭. 한 번씩 가더라도 거의 1주 이상 있었거든요. 그러니까 그 전에는 부모들이 잘 안 내려와, 머니까. 시간도 많이 걸리고. 그래도 없는 거보단 낫잖아요. 그럼 한 달 [동안] 가갖고 팽목항 분향소도 지키고 그랬었어요. 조금 단련됐지. 난 웬만한 먼 거리여도 간다고요. 그래 갖고 팽목에 부탁해 갖고 팽목에서 이제 물이랑 해갖고 싣고 또 서망[항] 가갖고 서망에서 배를 타고. 이제 원래 1시 반에 들어갈라 그랬는데 배가 안 오는 거예요. 그래서 선장한테 전화를 하니까 지금 어디 나가서 들어오기 희박하대요[어렵대요]. "그럼 어떻게 대체를 해달라" 그랬더니 거기서 또 다른 배를 이용해 갖고 좀 늦게 들어갔어요.

3시 반쯤에야 들어갔어요, 동거차도를. 원래 동거차도 들어가면 이렇게 [인양 작업 현장을] 한 바퀴 돌거든요. 플래카드 해갖고, 쭈욱. 우리가 [감시]하니까 좀 잘해라 이거야. 플래카드 해갖고 한 바퀴 돈다고, 근데 그건 안 하고. 우린 늦었으니까 교대를 해야 되니까, 그 전 조가 나와야 되니까. 그리고 마냥 기다릴 수도 없으니까. 배가 또 대기하고 있는데, 도착해 갖고 이제 짐이 많으니까 거기서 한 사람이 내려와 가지고 리어카에다 짐을 싣고. 원래 지성이 아빠의 아는 분이야, 그 친구분이. 그 친구분이 거기 아는 분이라서 거기[그분 댁에] 가서 짐을 풀고 딱 올라가야 되니까 필요한 거만 갖고, 하루분 쌀 씻을 거 가지고 올라가는데(한숨), 처음에 올라가니까 엄청 힘든 거예요. 딱 중간까지는 산이 이렇게 별로 안 높은데 운동을 안 하다 보니까 중간에 딱 올라가니까 숨이 엄청 차는 거예요. 그래 갖고 그다음에 올라가니까(한숨), 죽는 줄 알았어. 올라가니까 헉헉거리면서 거기 가갖고 교대하고. 그다음에 이제 밤에 사람들 잘 때 모기가, 거기가 9월 달에서 10월 달에 모기가 엄청 많거든요. 그래 갖고 모기장도 하나 큰 거 가져가 갖고… 조그만 걸 펴놨드만요. 그래서 큰 걸 해갖고 펴놓고 그다음에 올라가서 이제 촬영을 하는 거 보고. 그 전에 이 사람들 조사[감시]하러 갔을 때는 이 망원렌즈 외에는 없었거든요. 그래서 나는 딱 보기에 '망원경 하나 가져왔으면 좋겠다' 그래 갖고 집에 망원경이 하나 있었어요.

옛날에 오락실에서 경품 탄 게 있어요. 그거를 한번 가지고 갔어요, 혹시나 해갖고. 그러니까, '오!' 그거 훨씬 낫대요. 렌즈보다, 카메라보다. 나오기 전에 거기 두고 왔어요, 끝날 때까지 쓰라고.

면담자   잘 보여요?

은지 아빠   응. 그렇게 가까이는 안 보이고 그 카메라 [망원]렌즈보다는 더 잘 보여요, 가깝게. 사람 움직이는 것도 약간 보이고 뭐 하는지 딱 보인다고. 거기 가서 윤민 아빠는 또 파라솔 있잖아요. 뜨겁잖아요, 햇빛 드니까. 파라솔을 또 가져갔다고요. 그러니까 갈 때 준비를 많이 했어요. 먹을 것도 준비를 하고 그러니까 내려갔다 올라갔다 해야 되니까, 물을 이제 공급을 해야 되니까. [산 위에는] 물이 없으니까 미니 가방을 두 개씩 가져갔어요. 제가 하나 갖고 윤민 아빠가 하나 가져갔다고요. 그래 갖고 그거 갖고 오르락내리락하며 물 떠오는 거예요. 그러니까 한 두 번은 되게 힘들었다고… 오르락내리락하니까. 근데 물을 안 떠올 수 있나? 물을 먹어야 되니까. 그리고 설거지도 해야 되고. 그래서 이제 한 두세 번 내려가니까 그때는 단련이 돼갖고 이제 요령을 아는 거야, 어떻게 올라가고 어떻게 내려가야 하는지. 올라갈 때는 빨리 올라가는 것보다 슬슬 올라가는 가는 거야. 그러니까 이게 단련이 되니까 확실히 뱃살이 그때 좀 빠졌어요. 엄청 빠졌지. 그러니까 한번 내려갔다 오면 물을 무조건 그 1.5리터 큰 병으로, 됫병으로 세 개씩, 한 가방에 세 개씩 가져오는 거야. 먹을 거 챙기고 그걸 가져오는 거야. 하루에 한 번씩 아침에는 꼭 내려가요, 쌀을 씻어 와야 되니까.

면담자　　그 친구분이라고 하는 분 댁에서 물도 가져오고 쌀도 씻고 하시면서 도움을 받으셨네요.

은지 아빠　　네, 이제 뭐냐면 태풍이나 오게 되면 거기[감시하는 천막에] 못 있어요, 날아가면 위험하다고. 그래서 그 집에서 따로 별장을 만들어줘 갖고, '거기 베이스캠프 해라'라고 만들어준 거라고. 그래 갖고 무슨 일 있으면 거기 가서 자는 거죠. 그런데 우리가 있을 때는 비도 별로 그렇게 많이 안 왔고, 바람도 그렇게 세게 안 불었고, 태풍도 안 왔었고. 단지 뭐가 있냐면 모기가 많았어. 낮에는 벌하고 파리들이 윙윙거리고 밤에는 모기들이 장난이 아니야.

면담자　　그러면 동거차도에 계실 때 하루 일과가 어떻게 되셨어요?

은지 아빠　　하루 일과는 이제 나 같으면 계속 밥을 하는 거죠. 아침 만들고 그리고 짬나면 감시하고 뭐 [작업]하나 보고. 감시초소가 밑에[해안 쪽에] 또 있어요. 거기 내려가 갖고, 나는 한 번 내려가 봤는데 거긴 더 힘들어요. 완전 절벽이어서 내려가기 힘들다고. 잘못하면 미끄러져 넘어지면 큰 난다고. 거기가 산세가 험해요. 그리고 밤에 이렇게 보면 반딧불이 이렇게 있어요, 그게 오염되지 않은 거지.

면담자　　보통 동거차도에 같이 계시면 아버님들끼리 어떤 얘기를 많이 하세요? 아이들 얘기도 하세요?

은지 아빠   그냥 거기 있으면⋯ 처음엔 모르는데 좀 오래 있다 보니까 사람이 그리워져, 사람을 못 보니까. 내려오면 거기 주민들 밖에 안 보니까 약간 그리움이 많이 생겨요, 애들 생각이 아니라. 거기 가면 애들 생각을 할라는 건 아니에요, 일단 감시를 해야 되고. 걔네들이 왜 똑바로만 하면 우리가 뭐 하러 감시를 하겠냐고. 이제 배가[세월호가] 이렇게 있으면 [인양 작업용 바지선의] 앞에가 우리가 [있는] 이쪽으로 이렇게 와야 되는데, 이제 지네들이 이렇게 작업을 해야 되는데, 그걸 왜 돌리냐고. 돌려서 가린다고, [작업 광경이] 안 보이게. 그러니까 의심을 하게 하는 거야. 지금 지네가 죄 안 졌으면 똑바로 놓고 했을 거 아니야. 똑바로 놨다가 왜 돌리냐고, 우리 안 보이게⋯. 거기 동거차도에 딱 있는데, 우리도 전에 망원경 있을 때 [인양 현장을 쳐다보면] 거기도 이렇게 쳐다봐(웃음). 똑같이 쳐다보는 거야. 그래서 눈이 딱 마주친 거야.

면담자   이미 그쪽에서도 아버님들이 보고 계시는 걸 의식하고 있네요?

은지 아빠   우리가 보고 있다는 거를 의식해요, 의식하고 있으니까 뭐 제대로 하고 있겠죠. 바닷속은 몰라도 위에서 감시하면 얘네들이 뭐 보급품이 뭐가 들어오고 뭐가 들어오는지 다 보이니까.

면담자   처음에 동거차도 감시단을 꾸리자는 얘기가 어떻게 나오게 된 거예요?

은지 아빠　　　그거는 잘 모르겠어요. 그냥 지성이 아빠가 하자고 했던 거 같아요. 그러니까 처음에, 그 전에 가족협의회 회의에서 "애들 그 배를[세월호를] 어떻게 했냐? 잠수사 사갖고 들어가자. 들어가서 촬영을 하자" 그랬더니 해경에서는 막아버리는 거야, 못 들어가게. 뭐 죄진 게 있으니까. 나중에 뭐 카메라에[수중 촬영 영상을] 보니까 죄졌더만. 지네들이 이제 인양한다는 목적하에서 중단을 시켰잖아요? 구조 중단[미수습자 수색 중단]을 했는데, 그 하나도 안 막아놨잖아요, 유실방지망들을. 그러면 그 와중에서 그렇게 물 흘러가면 애들이 또 유실될 수 있다고. 지금 [미수습자가] 아홉 명이 있는데 거기에 아홉 명이 있을지 없을지도 몰라. 일을 이따위로 했으니 믿을 수가 없잖아. 나 같아도 그러겠네. 내 자식 아직도 거기 있었으면, 응 진짜 욕 나오는 거야. 그 배 인양해 갖고 진짜 선생님이랑 거기 아직도 못 찾은 사람이 있으면 다행이지만 없으면 어떡할라고? 그러니까 초기에 우리 애가 4월 23일 날 나왔거든요. 4월 23일 날 나왔는데, 22일 날하고 23일 날에 제일 많이 나왔어. 왜 그러냐면 그때가 파도도 많이 쳤고, 바람도 많이 불었어요. 그러니까 파도가 치게 되면 애들이 떠올라 온단 말이야. 그때도 유실될 수 있었을 거예요. 다 잡았다는데[수습했다는데]… 안 한 거 같아, 거기 잠수사들 들어가서 보겠다는데도 못 하게 하는 것들인데….

　　그 애들 유실된지[됐는지] 어떻게 알아? 몰라, 그거 유실되면 못 찾는 거야. 처음에는 있었다 해도, 아니 처음에 가기 전에 벌써 어디 바다 밑으로 빠져버리면 못 찾는 거야. 맨 처음에 그랬잖아, 뭐 비행기가 몇 대고, 뭐 함정이 몇 대고⋯. 요번에도 저기 주차돈가? 주차도[추자도 돌고래호 전복 사고]에서도 그랬잖아. 뭐 비행기가 몇 대고, 함정이 몇 대고⋯. '아, 저 새끼들 또 거짓말하네? 우리한테 그렇게 거짓말하고, 또 거짓말하네? 한 서너 대 갖다 놓고는 몇백 대 갖다 놨다고 하네' 이게 딱 보이는 거야. 그러니까 정부가 진짜 문제가 많아요.

3
최근의 직장생활과 자녀들

면담자　　　아버님은 이번에 동거차도 감시 활동 말고도 1년 동안 가족분들 활동에 계속 참여를 하셨던 편이세요?

은지 아빠　　　좀 안 했어요, 내가. 이거 터지고 나서 직장생활을 계속했었어요, 한 9개월 동안. 근데 이제 도저히 힘든 거야. 못 하겠어요. 회사 측에서는 많이 이렇게 배려를 많이 해줬어요. 내가 이제 회사 다니면서 법원을 많이 다녔거든요.

면담자　　　업무상으로요?

은지 아빠　　　업무상이 아니라 이준석 선장이랑 이렇게 재판할 때 그때는 빠져나갔다가 수요일 날, 화요일 날 해갖고. 일주일에 많이 빠지면 네 번씩, 세 번씩 빠져버리니까. 우리가 주 5일 근무거든요. 근데 3, 4일 빠지면 이틀밖에 일을 안 한단 말예요. 그것까지 편의를 회사 측에서 많이 봐준 거예요. 근데 내가 빠지게 되면 나는 괜찮은데 내 팀원들이 힘들어요, 내 일을 해야 되니까. 근데 내 일이 거기서 좀 힘들어요, 혼자 하기가 힘들거든. 근데 이제 나는 혼자 일을 하거든요. 근데 [혼자 하기] 힘들어 갖고, '차라리 내가 나가갖고 새로운 사람을 뽑으면 그 자릴 메꿀 거 아니냐'. 그래 갖고 그렇게 생각을 하고 그만둘라고 생각을 했었어요. 그랬더니 회사 측에서 웬만하면 있으래. 그래서 "아, 도저히 안 되겠습니다. 좀 해주십시오" 사정사정을 했어요. 거의 원래 사표 쓰면, "에이씨, 나가" 하고 돈 주고 끝나잖아요. 근데 여기는 그게 아니었어요. 이 상황에 있다 보니까 회사 측에서 편의도 많이 줬고, 그래도 "나 하나 때문에 여러 사람들한테 피해줄 거 같다"고 하니까, 그냥 저기 "좀 해달라"고 사정사정 해갖고 사표를 처리를 했다고. 그러니까 저희 회사에 단원고 [희생]학생이 저 포함해 갖고 두 명 더 있거든요.

면담자 세 명이 계셨던 거세요?

은지 아빠 예. 하나는 8반 건우 아빠하고 그리고 6반에 승혁이 아빠라고 있거든요. 그런데 승혁이네는 쌍둥이거든요. 동생인가? 동생이 단원고고, 하나는 단원고가 아니라 다른 학교예요. 그리고 건우 아빠는 큰애가 단원고고, 동생이 있는데 동생은 나이 차가 그렇게 많이 나요. 이제 올해 초등학교 3학년일 거예요. 그러니까 나이 차가 엄청 많이 나는 거예요.

면담자 두 분 아버님은 계속 재직 중이신 거세요?

은지 아빠   아, 건우 아빠는 나보다 일찍 그만뒀고 그리고 승혁이 아빠는 아직도 다니고 있어요. 그러니까 일이 힘드니까. 아니, 일이 힘든 게 문제가 아니라, 그거를 거의 9년 가까이 그 일만 했다고… 다른 일은 안 하고 그 일만. 그러니까 완전 내 거죠. (면담자: 잘하셨겠네요?) 눈을 감고, 눈을 감고 했다고. 그리고 1년에 내가 결근을 하게 되는 날은 딱 한 번 있거든요. 1년에 딱 한 번 아팠을 때. 꼭 1년에 한 번은 꼭 아파요, 몸살 나갖고. 평소에는 결근도 안 하고, 지각도 안 하고, 조퇴도 안 해요. 무결근이죠. 딱 한 번 1년에 딱 한 번 걸리는 날이 있어요. 가을에서 겨울 사이 그렇게 들어갈 무렵에는 꼭 그때 또 아파요. 그러면 그때 결근하고. 근데 거의 결근을 안 했어요, 지각도 안 하고. 그리고 저희 집에 은지 말고 밑으로 동생 둘이 더 있어요. ○○이 하고 △△가 있어요.

면담자   은지 동생들은 아직 어린가요?

은지 아빠   〈비공개〉 그러니까 [동생 △△가 아프기 때문에] 이제 나는 이제 일을 해야 되고, ○○이랑 은지는 아직 어리니까 [할머니 손에] 보내기도 그래 갖고 은지는 이제 초등학교 다니다가 할머니, 외할머니 댁으로 가고 그랬다고.

면담자   그게 은지가 몇 살 때예요?

은지 아빠   그때가 초등학교 5학년인가?

면담자   초등학교 5학년 때면 은지가 12살 때 막냇동생이 태어난 거예요? 나이 차이가 조금 많이 나네요?

은지 아빠   아니.

면담자   지금 △△가 몇 살인데요?

은지 아빠   이상하네(웃음). 지금 5학년이니까 11살.

면담자   아, 그럼 7살 차이 나네요. 그러니까 △△가 5학년이
면 한국 나이로 12살이거든요. 은지는 19살이니까 7살 차이 나네
요. 그러면 은지가 초등학교 1학년 들어갔을 무렵에 ○○이랑 같
이 외할머니 댁으로 간 거예요?

     은지 아빠   아니, 은지는 있다가, 나랑. 회사 다니면서 나름대로
학교를… [보냈는데]. 그래 갖고 내가 집에서 밥 좀 해주고 나오고
그랬었다고. 근데 애들만 있으면 또 그러잖아요. 우선은 이제 외가
쪽에 맡겼다고요. 〈비공개〉 외가 쪽이 좀 나아 가지고 외가 쪽에 가
있었다고. 처제가 와서 한 달 거의 됐을 때 다시 다 데리고 왔다
고. 〈비공개〉

면담자   은지랑, ○○이가 누나잖아요. 동생이 아프니까 잘
보살펴 줬나요?

은지 아빠   네, 잘 봤어요. 그래 갖고 은지가 △△가 그런 상황이
되니까, 얘가 이제 1학년 때 수학여행 가기 전에 그 얘기를 했다고
[해요], 자기 "대학 가겠다"고. 나는 몰랐었는데 저기 은지 엄마한테
얘길 들어보니까 그 특수교육학과요. 거기 가서 △△ 같은 사람들

28

도와준다고. 나는 그걸 모르고 난 사회복지과, 걔가 그 티오피 (TOP)[단원고등학교 봉사 동아리]랑 그 와이엠시에이(YMCA)에서 활동하니까 그런 줄 알았더니, 은지 엄마한테 물어보니까 동생이 그런 상황이니까 특수[교육]학과에 가가지고 좀…. 얘가 봉사를 좀 많이 했었거든요. 그러니까 △△, 지 동생도 이렇게 되니까 좀 그런 거 봐서, 좀 '어려운 사람들 도와줄 수 있게 한다' 그 생각을 했고….

면담자 　　어릴 때부터 그런 꿈을 가지고 있었던 거네요?

은지 아빠 　　그러니까 우리 애들한테는 내가 그래요. "공부 못한다", "공부를 잘해라" 이런 말 절대 안 해요. 농담으론 해요, 그냥. "야, 너, 공부 빵점 맞았지? 이리 와, 맞아" 장난으론 해요. 근데 우리 애들한테는 공부 못한다, 저기 꼴등이다 [이런 게] 상관없어요. 공부 못해도 돼요. 그냥 공부 좀 못해도 건강하게만 자라면 돼요, 그냥 잘 다니고. 근데 지네들이 알아서 잘해요. 그걸 내가 신경 안 쓰거든요. 공부 못한다, 뭐 한다 [상관없이]. 그리고 학원도 우리가 안 보내. 안 보내는 게 아니라 지가 가기 싫어해요. 한 번 보냈는데, 그때 은지 같으면 저기, 영어는 부족해 갖고 딸린대요. "그냐?" 영수가[영어, 수학이] 좀 딸린대요. "그래? 그럼 어디 좋은 데 있으면 니가 가라. 돈 해줄게" 한 달 갔나? 그리고 아, 힘들어서 못하겠대요. 한 달도 안 됐어, 보름인가 그 정도밖에 안 돼. 다니다가 적성도 안 맞고 자기하고 안 맞대요. "그럼 어떻게 할 거냐?" 그랬더니 친구들한테 공유를 한대요. 영어 잘하는 놈 [있으면] 영어 친구한테 배우고, 수학 잘하면 수학 배우고, 은지가 국언가 국산가 잘했었거든요. 그러니까 서로 공유를 하는 거야. 그러니까 어느 정도 성적이 올라가는 거예요, 거기서 지네들이 맞춰서.

면담자   은지는 안산에서 태어나고 자랐던 거예요?

은지 아빠   응. 태어난 데는 처음에는 은지 혼자니까, 근데 난 여기 직장을 다녀야 되니까 은지는 전주 예수병원에서 낳았거든요.

면담자   그럼 은지 고향은 어딘가요? 전주에서 좀 지냈나요?

은지 아빠   아니죠, 낳기만 거기서 났고. 태어나긴 거기서고 자란 건 여기죠.

면담자   안산에서요?

은지 아빠   네.

4
어린 시절과 안산으로 오기까지

면담자   그러면 아버님은 원래 전주에 계셨나요?

은지 아빠   아니, 저는 원래 서울에서 태어났어요. 학교도 서울에서 학교 다녔고.

면담자   그럼 태어난 곳은 어디세요?

은지 아빠   나는 서울에 태어난 데가 저기 관악구 상도동에서 태어났어요.

면담자   연도를 여쭤봐도 될까요? 몇 년도에 태어나셨는지?

은지 아빠   67년생이에요.

면담자   그러면 서울에서 쭉 학교 마치시고, 직장 때문에 안산으로 오신 건가요?

은지 아빠   이제 고등학교 때 저걸 했었거든요, 공고, 서울북공고라고, 거기 다니다가 2학년 때 취업을 나갔었는데 실습 나간 게 취업이죠. 근데 내 전공이 원래 화공과예요. 화공 계통으로 나가야 되는데 그땐 화공이 별로 없었거든요. 거의 실험실 들어가야 되는데, 없었다고. 그래 갖고 샷시[새시]를 한번 했었다고요. 알미늄 샷시라고 해갖고, 이제 아파트 공사에 쓰는 거. 요런 틈, 그 창문틀 같은 거 공사를 했었어요. 부산에 처음 내려가 갖고 그때 공사를 해갖고 한 달 동안 그거만 하다가. 아이씨, 이거 일도 힘들고 이건 내 일하는 만큼의 저기 봉급을 안 주는 거야. 에이, 때려치우고 하다 보니까 안산으로 또 취업이 됐어요. 안산에 취업되다 보니까 안산에 이제 눌러 있는 거야, 계속.

면담자   그럼 거의 20살 때부터 쭈욱 안산에 계셨네요?

은지 아빠   네. 하다가 이제 군대 갔다 오고 나서 그 이제 누가 [누구] 소개로 염색단지를 갔어요. 관리직으로 해갖고 거기서 좀 오래 있었어요. 오래 있다가 [그 후] 좀 많이 옮겼어요, 한 서너 번 옮겼어요. 그러다가 이쪽으로 자리 잡고.

면담자   결혼도 그럼 안산에서 하셨어요?

은지 아빠   아, 결혼은 전주에서 했어요. 애 엄마가 저기 전주라서. 아버지가 원래 삼례, [전주] 밑에 삼례에 계셔갖고 집안사람들이 거기 다 있으니까 나만 내려가면 되지, 전부들 올라올 필요가 없잖아. 그래서 전주에[서]. 그리고 제가 원래 기독교인이라서 애 엄마도 기독교인이고 [해서] 교회에서 했다고.

면담자   그러면은 교회에서 연애를 하셨던 거세요?

은지 아빠   아니, 연애는 아니고 중매로 했어요.

면담자   아, 중매로 하셨어요?

은지 아빠   예, 중매로 했는데. 첨에 중매를 할 때 한… 다섯 번을 봤어요. 근데 다섯 번을 봤는데, 그중에서 내가 무조건 "좋다"고만 했어요. 얼굴 못생긴 거 상관없이 좋다고. 그런데 [상대편이] 다 싫대.

면담자   여자분들이 다?

은지 아빠   어, 다 싫대. 나중에 지금 은지 엄마 만날 때, 그렇게 했더니 좋대요. 그래서 '니네 필요 없어' [그런 마음이었는데] 나중에 [다시] 다 좋다고 또 [연락이] 와요. 또 좋다고 연락이 왔어. "아이씨, 그때는 싫다고 할 때는 언제고 이제 좋다고 하냐"고, "아이, 그런 거 싫다" 그래 갖고 은지 엄마랑 결혼하게 된 거지.

면담자　　처음에 은지 어머니를 처음에 봤을 때는 은지 어머니도 아버님한테 퇴짜를 놨었나요?

은지 아빠　　아니, 은지 엄마는 그러지 않았어요.

면담자　　다른 여성분들만 그랬네요. 그런데 그러면 은지 어머니를 아버님이 처음 봤을 때는 어떠셨어요?

은지 아빠　　호감이 있었죠. 내가 적극적으로 나섰으니까. 그리고 사람들이 그래요. 그때에는 내가 눈이 이쁘대요.

면담자　　네, 지금도 이쁘세요.

은지 아빠　　절에 다니는 분은 내 눈 보면, 눈 진짜 이쁘다고. 근데 나는 그렇게 못 느끼거든요? 거울 봐도?

면담자　　은지도 사진 보니까 미인이더라고요. 아버님은 여기 안산에 직장이 있으셨는데 그러면 신혼살림은 어디서 시작하셨어요?

은지 아빠　　제 집은 여기 지금 주공 1단지. 거기 지금 벽산 푸르지오 있잖아요. 그 전에 그 없을 때는 저기 5층짜리 건물이 있었어요.

면담자　　아, 거기서 신혼을 시작하셨어요?

은지 아빠　　예. 거기서 신혼을 하는데. 거기서 은지가 태어나고 딱 자랐는데. 은지는 지금 보고 있으면 하얗잖아요, 얼굴이요. 그때는 얼굴이 깜둥이였어요.

면담자 　　　아, 까무잡잡했구나.

은지 아빠 　　　네, 은지는 맨날 나갔다 오는 거예요. 꼬맹인데도 그 5층을 왔다 갔다 왔다 갔다 했어, 혼자서. (면담자 : 혼자서 계단을?) 네, 되게 힘들더라고. 한두 번이 아니고 하루 죙일 왔다갔다 하는 거예요, 혼자서. 우리도 힘든데, 올라갔다 내려갔다 하기가.

면담자 　　　○○이는 은지 몇 살 때 태어났어요?

은지 아빠 　　　은지하고 3년 차이니까. 근데 ○○이랑 은지랑 이렇게 사진에, 옛날에 사진을 내가 많이 찍은 게 따로 있는데. 그 사진을 찍어놓은 게 보면 똑같애, 어렸을 때 사진이 쌍둥이 같애. 저는 결혼하기 전에 애 엄마랑 같이 저기 서울대공원에 가갖고 식물원을 갔는데, 어떤 가족분이 아버지하고 딸 둘이를 데려온 거야. 근데 그게 되게 보기가 좋아요. 딸이 아빠 이렇게 위해주고, 뭐 사진 찍고 하는 거 보니까 '야, 우리도, 나도 응? 딸 한 세 놈만 있으면 좋겠다' 하고. 우리는 원래 셋을 딱 정해놓고 있었다구요. "셋만 낳자"고. 처음엔 딸, 무조건 딸만 원했거든요. 그러니까 이제 은지는 벌써 태어나기 전부터 "은지야, 은지야" 한 거야. 이름을 미리 다 정해놨다고. 배 속에다 "은지야, 은지야" 하고. 발로 툭툭 차고. 딱 은지가 나온 거야. 그런데 애들은 킬로수가 다 좀… 은지가 2.7킬로그램인가? ○○이가 2.9킬로그램. 막내는 좀 작게 나왔었지.

34

은지 아빠 한홍덕

은지의 어린 시절

| 면담자 | 원래 집안이 기독교 집안이셨어요? |

면담자 원래 집안이 기독교 집안이셨어요?

은지 아빠 네. 근데 이거 터지고 나서….

면담자 버리셨어요?

은지 아빠 안 가요. 버리진 않았는데 안 가요(웃음). 그렇게 기도했는데… 살아서 돌아오게 해달라고……. [교회는] 안 가요.

면담자 어머니도 원래 교회를 다니셨나요? 어머니도 지금 안 다니세요?

은지 아빠 다녀요. 여기 안산 시민교회라고, 거기 다녀요.

면담자 그러면은 자연스럽게 은지나 ○○이나 △△도 아버님, 어머님이랑 교회를 같이 다녔겠네요.

은지 아빠 네. 처음에는 같이 갔는데 그다음에는 지네들이 안 한대. 그러다가 교회 또 가기 싫대. "그냐? 가지 마" [했어요].

면담자 교회를 꼭 가야 된다고는 안 하셨어요?

은지 아빠 우리는 '아니, 꼭 가야 되나?' 가고 싶으면 가고, 아니면 가기 싫으면 가지 말고. 억지로 안 보내요. 지가 하기 싫다는데 굳이 그거 어거지로 시키겠어요. 단지 이제 내가 은지한테 미안한 거는, 은지가 학교 갔다 오면 거의 좀 늦게 들어와요. 그러면 늦게 들어온 거로 되게 뭐라 했거든요. 막 때려버렸거든요. 말 안 듣고 약속 안 지키는 거 그런 건 때렸거든요.

면담자　　고등학교 때요?

은지 아빠　　고등학교 때도, 중학교 때도. 중학교 1학년 때도 그랬어요. 늦게 들어오면 막 뭐라고 하고 때리고 그랬었어요. [제가] 그런 건 싫어해요. 다른 건 아무렇지도 않아요. "니 노는 건 해도 돼. 근데 아빠랑 시간 딱 정해놓으면 그때 와라. 다른 거는 뭐 없다, 그거만 해주면. 니 돈 필요하면 돈 줄게. 뭐 필요해? 뭐 사고 싶어?" 돈 줘요. 그러면 얘는 그거를 또 함부로 안 써. 돈은 주면 되는데. 나 혼자 벌기 때문에 애 엄마는 직장에 안 다니고. 〈비공개〉

면담자　　아버님은 참사 전에는 신앙에 별 의심이 없으셨어요? △△가 아프고 그랬어서….

은지 아빠　　그때는 의심 안 했죠. 그렇게 '내 업보다' 생각하고 원망하지 않았어. 내가 낳은 자식인데. 그리고 이제 포기할 생각도 했는데, 애 엄마가 "하자, 키워보자, 힘들어도 하자" 그래서 내가 "힘들어도 내가 힘들지. 니가 힘들겠냐. 너두 힘들겠지만. 병원생활 하느라 힘들겠지만" 그랬는데 이만큼 자라놓은 게….

면담자　　하나님이 힘이 되거나 그러진 않으셨어요?

은지 아빠　　그거 말고는 주위 사람들이 많이 도와줬지요. 내가 힘드니까. 경제적으로도 그렇고, 이제 그걸로 인해서 그때 빚을 좀 졌거든요. 병원비가 만만치 않으니까. 하다 보니까 회사 쪽에서도 많이 도와주고. 뭐 주위에 또 병원 내에 그게 있어 갖고, 복지관이나 또 있어 갖고 거기서도 도와줬거든요. 치료비가 많이 들어가니까. 여러 사람한테, 또 교회에서도 좀 도와주고 그러니까. 그러니까 난 도와주는 사람들이 많았어요, 주위에 항상.

면담자   은지는 교회를 언제부터 안 다니게 된 거예요?

은지 아빠   중학교까지는 다니고. 그다음 고등학교 들어가서는 안 다녔어요. 근데 지 활동하느라 바빠요. 교회 다닐 시간이 어딨어요? 일요일 날도 친구 만나러 나갔다가, 토요일엔 누구 만나러 나가고. 어디 놀러 간다 해갖고 놀러 간다고… 그러니까 이제 놀러 가는 것도 내가 좀 많이 터치를 했어요. 우선 나도 모르는 사람한테 간단 말이에요. 친구 아빤데, 친구 아빠[라고 해도] 얼굴 한 번도 못 봤는데 어떻게 알아? 내가 그 사람을? 혹시 얘가 잘못될 수도 있잖아요. 또 옛날에 그런 사건이 있잖아요. 뭐 아는 사람 따라가 갖고 뭐 얘를 어떻게 했다든가. 나중에 와갖고 나 몰라라 하면 어떻게 해?

면담자   그러니까 친구 아빠가 친구들이랑 같이 데리고 놀러 간다 그래도 좀 걱정이셨네요.

은지 아빠   응. 야외로 이제 차 있으니까 놀러 가고 그랬었다고. 내가 차는 없어요. 〈비공개〉 단지 이제 외지에나 나갈 때 차 몰고 다니는데, 그렇지 않으면 다 대중교통. 대중교통이 있는데 굳이 차 있을 필요 있냐고… 그리고 웬만한 데는 걸어 다니거든요. 걷는 걸 좋아하니까.

면담자   은지나 ○○이가 어렸을 때도 엄마가 막내를 많이 케어를 좀 해야 됐잖아요? 그러면은 은지가 큰누나니까 가끔이라도 원망한다거나 하지는 않았나요?

은지 아빠   아, 그런 건 없었어요.

면담자   그런 건 없었어요?

은지 아빠   네. 내가 봤을 때는 그런 건 없었어요. 더 이제 막내를 위해서 더 해줄라고, 놀아줄라고 서로 그랬다니까, 큰애랑 저기 둘째랑. 근데 거의 둘째가 많이 같이 놀아줬다고. 자꾸 짝꿍이 돼 갖고 같이 놀아주고. 지금도 그래요. 지금도 막내가 보면 이제 놀다 보면, "누나 누나, 나 놀자 놀자" 그러면 놀아주고 그래요. 어렸을 때도 그랬어요. 어렸을 때도 거의 둘째가 많이 해줬고. 그전에는 이제 은지가 많이 돌봐줬어요. 은지네 친구가 같이 오면 △△가 졸졸졸졸 따라다니고. 그리고 얘는 연상을 좋아해요. 또 그때 나이대 되니까 제목을 듣고 짱구처럼 그런다는 거야. 큰누나 친구들이 오면 졸졸졸졸 하는 거야. 이제는 거의 안 나와, 이제….

면담자   아, 누나 친구들하고 같이 있을려고 했네요.

은지 아빠   이제 걔네들 친구들 오면 항상 집에서 그러잖아. "뭐 먹고 싶냐?", "치킨" 그럼 치킨 시켜주고, 내가. 아니면 "라면" 그러면 "어, 알았어. 라면 끓여줄게" 끓여주고.

면담자　　아버님이요?

은지 아빠　　응.

면담자　　아버님은 직장생활에 되게 충실하셨는데, 가족들하고도 시간을 많이 보내려고 하시는 편이셨어요?

은지 아빠　　그러니까. 토요일 날 일요일 날 원래 쉬니까, 연휴로 쉬다 보니까 애들 놀러 오면 해주고. "어디 놀러 가자" 하면, 사춘기 때는 애들이 잘 안 가잖아요, "어디 가자" 하면. 근데 은지랑 ○○이는 그게 아니었어요. 은지도 그렇고, "어디 가자" 그러면 "응, 어, 가"

면담자　　중학교 때도 잘 따라다니고 그랬어요?

은지 아빠　　네. 고등학교 때도 그랬어요. 고등학교 때도 "야, 저 놀이공원 가자" 그러면 같이 놀이공원 가고 그랬어요.

면담자　　같이 놀러 갔던 데 중에 제일 기억에 남는 곳이 어디세요?

은지 아빠　　같이 놀러 간 거요? 많아요. 근데 그게 어느 순간에 가물가물해지는 거예요, 이 일이 터지고 나서. 그 전에는 안 그랬었는데. 이 일이 터지고 나서 '내가 언제 때가 재밌었을까? 언제지?' 그 은지에 관한 생각이 조금 잊혀지는 거지. 어렸을 때 생활이 참 재밌었는데(침묵). 놀이공원 가서 이제 거의 사진을 놀이공원 가서 많이 찍었어요. 그럼 애들은, 우리는 노는 거 별로 안 타니까 애들 거는 풀가동을 해요, 풀가동을 해요. "니들 하고 싶은 거 해라" 그렇게 항상. 서울대공원에 가면 장미축제를 해갖고 장미공원 해갖고 거기서 사진을 많이 찍었었다고, 셋이 해갖고.

면담자   요새도 가끔 보세요?

은지 아빠   안 봐요. 그거 보면 눈물 나. 은지, 은지 자체보다도. 그리고 내가 사진도 휴대폰에 은지에 대한 사진이 원래 별로 없어요. 저기 어렸을 때 사진은 많은데 고등학교 때 사진은 없었어요. 그 휴대폰도 그, 저거를 못 해갖고.

면담자   복원을?

은지 아빠   복원을 못 해갖고. 복원이 안 된대요, 힘들다고. 그래서 아직도 갖고 있어요. 나중에 좀 미래에 가면 [기술이] 발전하면 그거 함 복원하고 싶다고. 그때 가 내가 죽더라도 우리 ○○이가 있으니까 "한번 복원해 봐라" 할 수 있으면 하려고 남겨놨는데. 거의 사진이 없으니까, [대부분 사진이] 얘네들, 그 은지의 친구, 후배 걔네들이 보내준 거예요, 카톡으로 남긴 사진. 하필이면 또 친구들한테 그걸 많이 보냈나 봐, 자기 사진을.

면담자   갖고 있는 거를?

은지 아빠   응응. 갖고 있는 거를 막 보냈는데 거의 한 200장 정도 돼요, 보낸 게. [동아리] 활동 뭐 티오피(TOP) 같은 데는 활동한 거 후배들하고 선배랑 걔네들 활동한 것만 싹 보내주고. 그다음에 친한 친구들은 같이 이제 놀러 갔을 때 사진 찍은 거.

6
4월 16일 전까지 은지의 일상

면담자　　은지와 친한 친구들은 고등학교 들어가서 새로 사귄 친구들이었어요?

은지 아빠　　고등학교 친구도 있고 어렸을 때부터 친구가 있어요. [그 친구가] 와동에 살다가 서울로 이사를 갔거든요. 아직도 있어요, 가끔 페이스북에 올라오는데 완전 짝꿍이에요.

면담자　　은지가 티오피(TOP) 친구들과 많이 친했어요? 아니면 고등학교 같은 반 3반 친구들이랑 많이 친한 편이었어요?

은지 아빠　　고등학교 다닐 때는 3반 친구들 친했고, 그리고 어렸을 때 꾸준히 왔던 친구들은 아직도 은지가 있었으면 계속 사귀었을 거고. 계속 만났어요. 일주일에 한두 번씩 정도 만나요. 일주일에 주말쯤 해갖고 저기 친구 만나러 서울도 가고 놀고, 서울 가서 이제 또 친구가 있으니까 걔한테 가서 "알바한다" 그러면 알바하고, 식당일 알바하고 그랬었다고. 그러면 와서 "아빠, 나 돈 벌었다".

면담자　　활동적인 친구였네요?

은지 아빠   예. 활동적이었어요. 장난도 많이 쳐. 아빠한테 있으
면 "홍덕아, 홍덕아" 그러고. 나는 걔가 뭐 이렇게 해도 화를 안 내
요. 같이 어울려요.

면담자   그러니까 권위적인 아버지가 아니셨군요?

은지 아빠   그러니까 은지 같은 경우에도 다 컸는데, 고등학교
[학생] 됐는데도 아빠랑 같이 잔다니까요.

면담자   거리낌 없이 아빠랑 친하네요.

은지 아빠   네. 나도 거리낌 없어요. 난 상관없어요. 내 딸이니
까. 어차피 어렸을 때부터 계속 안고 다닌 딸인데. 내가 원해서 내
가 만들었는데. 그리고 그… 남자한테 뺏기기 싫은 딸인데, 귀한
딸을. 내가 처음부터 생각해서 그렇게 만들어놨는데 순식간에 없
어졌으니. 우리 같으면, 외국처럼 이렇게 스킨십을 하잖아요. 우리
도 그렇게 했다고, 어렸을 때부터. 내가 회사 가면 셋이 주르르 오
는 거야. 줄 서는 거야. 뽀뽀하고 가는 거야.

면담자   아빠랑 스킨십을 하는 데 별로 거리낌이 없었네요.

은지 아빠   네. 그 수학여행 가기 전에도 스킨십 하곤 했다고. 그
전에 이제 수학여행 가기 전에 은지하고 많이 좀 다퉜어요. 말을 안
했었어. 그러다가 이제 가는 날, 이제 학교 가잖아요. 학교 가는 데
짐 싸고 그러기에, [다툰 일을] 풀자고 스킨십 하고 잘 갔다 오라고.

면담자   수학여행 가는 날 아침에요?

은지 아빠	네. 했는데 그게 마지막 인사야.

면담자　　수학여행 가는 교통편을 어떤 걸로 할지 설문조사를 했다고 하던데, 아버님은 애들이 수학여행을 배로 가는 걸 알고 계셨어요?

은지 아빠　　원래는 몰랐어요.

면담자　　그냥 은지한테 수학여행 간다고 들으셨고. 인천에서 밤에 출발했죠?

은지 아빠　　그러니까 배로 출발하는, 뭐 하러 배로 출발하냐고. '어차피 배나 비행기나 똑같은데 왜 굳이 배로 출발할까?' 했죠. 솔직히 말해서 저 같아도 고등학교 같으면 수학여행 가잖아요? 그럼 그날 수업을 안 한단 말이야. 그냥 가지 왜 굳이 그날 수업을 하면서까지 왜 밤에 가냐 이거야, 낮에 가도 되는데. 훤한 대낮에 갈 수 있는 건데 굳이 밤에 갈 이유가 뭐냐고. 걔네들도 문제가 있는 거야, 교장도. 굳이 그날 수업 안 하고 다음에 수업을 좀, 방학을 좀 짧게 하든지, 좀 늘릴 수 있었을 거야. 근데 굳이 그날 왜 수업을 하고 가냐고. 이해가 안 되는 거예요. 나는, 내 생각할 때는 나도 수학여행을 고등학교에서 갔었는데, 그때 그날 수업 안 했단 말이에요. 수업 안 하고 바로 갔단 말이에요. 근데 왜 그날 수업을 하고 갔냐고. 것도 밤에 왜 늦게 가냐고, 밤에 늦게 출발하냐고. 그러니까 그걸 보면 이 정부하고 짜고 이렇게 하는 거 같애. 교장하고 청와대. 아니, 저기 정부하고 그다음에 배하고[청해진 해운과] 짜고 하는 거 같아, 셋이.

면담자   학교까지요?

은지 아빠   네. 그러니까 학생들이 많이 다니니까 한 번 죽으면 많은 사람이 죽거든, 대박이거든. 그 사람들은 대형 사건이거든. 근데 문제가 너무 많아요. 그 동거차도 어민들한테 내가 직접 가서 물어봐도, 그전에 팽목에 있을 때 애 일 터지고 나서 그 주변에 어민들한테 물어봤거든요. "그게 [배가] 그렇게 한 번에 안 넘어간다. 어, 아무리 수평수가 저기 빠졌어도 그렇게 배가 확 넘어가는 건 아니다" 그런 게 없대요. 그러니까 거기도 한 1.5톤짜리 배에다가 미역을 잔뜩 싣고 가요. 그렇게 가도, 파도 쳐도 안 넘어간대. 그런데 왜 그게 넘어가냐 이거지. 말이 안 된다는 거지, 그 큰 배가. 그리고 거기 동거차도에 있을 때도 육안상으로는 안 보여, 큰 배들이 안 보여. 근데 육안상으로[는 안 보여도] 이렇게 망원경으로 보면 보여요, [큰] 배가 가는 거. 그 친구분이 얘기하는 게 거기가 그 백령 돈가?

면담자   병풍도요?

은지 아빠   병풍도. 어, 병풍도 앞으로 올 적에. 그게 동거차도에서 우리가 감시하고 있는 거기 보면 바로 왼쪽에 아니, 오른쪽에 병풍도가 있어요. 그 앞으로 이렇게 지나가는 거야, 배들이. 그게 코스래요. 다른 배는 다 멀쩡히 가는데, 왜 세월호만 거기 가서 그렇게 됐냐 이거지. 다른 배는 다 멀쩡히 가요, 거기. 거기가 원래 그 코스래요. 항상 제주도 가든지, 저기 또 중국가든지 뭐 일본가든지 거기가 코스래요, 큰 배들이. 근데 거기도 그 깊이를 물어봤더니 똑같대. 40에서 50미터 깊이가 거기가 똑같애요. 근데 다른 배는 멀쩡한데 왜 세월호만 가갖고 그렇게 됐냐 이거죠, 하필이면 그 많은 배 중에.

면담자   거기 맹골수도가 물살이 세다고 들었어요.

은지 아빠   그런 게 아니라. 요렇게 보니까 (종이에 그림을 그리며) 앞에는 이렇게 가요, 물살이. 중간에는 이렇게 가고. 또 그 외는 이렇게 가고. 계속 그거만 있어요. 이게[물살이] 센 게, 이게 겹치는 그것 때문이지 그렇게 그것 갖고는 이렇게[물살이 특별히 세다고] 할 건 별로 이렇게 없는데. 물살이 세다고 해도, 보니까 그게 아니야. 그 밑에가[깊은 수심이] 이렇게 세겠죠.

면담자   수학여행 떠나기 전에 은지랑 아버님이랑 좀 다퉜다고 하셨잖아요? 뭐 때문에 그랬는지 여쭤봐도 될까요?

은지 아빠   그때 뭐였더라… 그때도 늦게 와서. 아, 늦게 와서 내가 뭐라 한 거 같아요.

면담자   수학여행 가기 전에 은지는 좀 들떠 있었나요?

은지 아빠   아니, 그 수학여행을 떠나서, 다른 것들 때문에 뭐라고 이렇게 했었다고. 근데 기억이 안 나요, 뭘 했는지.

면담자   네, 그때 은지가 수학여행 간다고 옷도 좀 사고….

은지 아빠   아, 그런 건 안 했어요.

면담자   따로 준비한 건 없었어요?

은지 아빠   네, 따로 준비한 건. 가방도 저희 저기 애 엄마랑 그 신혼여행 가방 있잖아요. 옛날에 그 트렁크 있어요. 옛날 거 트렁크 있는데 그거 가져갔다니까요. 내가 "새로 사줄까?" 했더니 그걸 가져간대. 튼튼하니까, 멀쩡하니까. 원래 그걸로 이제 여행가든가 은지 어렸을 때도 안고 메고 갔었거든요, 들고 끌고. 근데 그걸 가져가겠대요. 가져가도 멀쩡하니까. 근데 좀 가방 자체가 무겁거든요, 옛날 거라. 그리고 그날 옷도 뭐 있는 거 뭐. 아빠 건데 이제 옛날 거 옷 있으면 그거 가져가고. 그러니까 이제 아빠 옷장을 그전 같으면 아빠 옷장을 딱 열어봐요. "아빠 이거 입어도 돼?", "응, 입어", "저거 옷 입어도 돼?", "어, 입어" 어차피 내가 입어도 좀 작고 그러니까 안 입으면 입으라고 줘요. 그럼 자기가 맘에 들어 입다 보면 그게 또 이뻐 보여요, 아빠 건데. 잠바도 좀 작으면 "아빠 나 입어도 돼?", "어, 입어".

면담자   이렇게 막 많이 사는 걸 좋아하는 편은 아니었어요?

은지 아빠   네, 누가 이제 옷을 많이 줘요. 처가 쪽에서 큰처형이 주든지 줘요. 거기 이제 크니까, 애들이. 우리 애들은 작으니까 이제 거기서 옷 깨끗한 거를 보내줘요. 그러면 그거 입고 다녀요. 거기서 또 골라 입어요. 근데 사달라고는 별로 안 해요. 근데 정 사고 싶으면 내가 매달 용돈을 한 5만 원씩 줘요. 주면 그걸로 지네들이 뭐 하고 싶으면 하는데. 그거 갖고 이제 자기가 쓰고 나서 남는 걸 아껴갖고 그걸로 옷을 사는 거야. 그것도 비싼 옷도 아니야. 근데 일반적으로 옷이 비싼데 싸게 구매를 하는 거야. 인터넷 들어가서 구매를 하든지, 뭐 친구들하고 어디 서울 가서 구매를 하든지.

면담자　　　스스로 알아서요?

은지 아빠　　네. 싼 거로. '어? 이번에 세일하네?' 그러면 거기 가서 사고.

면담자　　　알뜰했네요.

은지 아빠　　응. 알뜰해요. 내가 봤을 때는 우리 큰누나가 그렇게 했거든요. 우리 큰누나가. 우리 큰누나가 봤어도, 은지하고 성격이 비슷해요. 내가 어렸을 때 누나하고 생활했을 때랑 그 성격이 진짜 누나하고 성격이 똑같아요. 누나도 그전에 와이엠시에이(YMCA) 그 활동을 했었거든요, 저기 대학교 때. 누나가 이화여대 나왔었거든요. 성격이 진짜 은지하고 똑같아요. 원래 그러잖아요. 제일 미운 사람 생각하면 나온다고, 딸이 그렇게 똑같이 나온다고. [근데] 난 우리 누나를 미워한 적이 없어. 난 누나한테 더 고마웠어. 친했었거든. 근데 [은지가] 누나하고 닮았어, 많이.

면담자　　　아버님도 형제분들과 원래 사이가 다 좋으신 편이셨어요?

은지 아빠　　네. 많이 좋아요.

면담자   그러면 은지도 아버님의 첫딸이어서 굉장히 예쁨 많이 받았겠네요.

은지 아빠   음. 이게 좀 오래됐어요. 한 10여 년 됐나? 저기 이제 친가 쪽으로 많이 안 갔어요. 왜 그냐면 어머니가 돌아가셔서 갖고 그때부터 해갖고 아버지가 싸악 마음에 안 들어갖고.

면담자   은지 할아버지요?

은지 아빠   네, 저희 아버님이요. 아버지는 작년에 돌아가셨거든요. 아버지가 맘에 안 들어갖고 한 10여 년 동안 안 갔어요. 거의 처가 쪽으로만 갔지. 명절날도 거의 이제 안 가고(웃음). 그래도 1년에 한 번씩 꼭 휴가 땐 가요. 휴가 때 가갖고, 한 열흘 휴가니까 거의 막 9박 10일. 기아자동차랑 똑같이 가니까, 똑같이 일을 해요. 지금도 8시간, 9시간 해요, 일을. 그러니까 주간조가 8시간 하고. 야간조가 9시, 9시간 하고. 하다 보니까 휴가 때는 꼭 9박 10일이니까 그러니까 막 묵으러 갔다 오는 거야, 애들 방학 때 되니까. 그리고 거의 처갓집에 가면 또 처제나 저기 처남이 이제 펜션 같은 거 얻어갖고 놀러 가고 해요. 그때는 언제 한번 놀러 갔던 기억이 있는데, 산에 올라가니까 구름이 이렇게 비춰갖고 참 멋있었어요. 은지도 그때 재밌었다고 했었는데.

면담자   삼례 말고 다른 데도 다니시고 그러셨어요?

은지 아빠   네, 휴가 때. 처갓집에서 이렇게 많이 했어요. 펜션 같은 거 해갖고 이제 내장산이나 펜션 얻어갖고 놀러 가고. 같이 놀러 가고 아니면 진안 같은 데 냇가도 있잖아요, 냇가 있는 데 거기 가서 다슬기 잡고.

면담자   사촌들끼리도 많이 친했겠네요.

은지 아빠   그러니까 여기 집에 있어도 저 여기 시민시장 있잖아요, 초지시장에 5일마다 장을 열거든요. 거기 가면 장날에 딱 가요. 그럼 다슬기를 사요. 사 와서 서로 집에서 먹는 거예요. 끓여서. 은지랑 ○○이랑 까먹기 바빠요.

면담자   안산에서는 고등학교를 지원해서 가잖아요. 혹시 은지가 단원고를 가게 된 특별한 계기가 있었나요?

은지 아빠   원래 은지는 내가, 고등학교 갈 때 웬만하면 어차피 취업도 하기 힘들고 하니까 여기 바로 뒤가 경고, 경인관광고등학교거든요. "[집] 뒤에 거기 다녀라" 그랬더니 싫대요. 그래 갖고 나중에 "그럼 어디 가고 싶으냐?", "단원고요", "단원고 왜?", "교복이 이쁘대요", "에이, 그래 알았어. 가"(웃음). 그래 [1지망으로] 단원고, 그다음에 강서고 써갖고 단원고 간 거죠. 한 번에.

면담자   중학교 친구들은 혹시 같이 지원하진 않았어요?

은지 아빠   그거는 잘 모르겠어요. 그거는 다 안 했었는데 자기가 원하는 대로만 하니까. 뭐 친구 따라 간 게 아니라, 그걸 이해를 못 하겠다니까요, 내가. 단원고 교복이 이쁘다니까 나도 '입으면 이쁘겠다' 해서 그런 거 같아. "그래. 가" 그랬는데 그렇다고 내가 그런 거 말리, 안 말리거든. 자기가 하고 싶은 거 하니까. 어디 가고 싶다는 데 굳이 내가 말릴 필요 없거든. 내가 '안 된다' 그러면 내가 "여기 가서 도저히 안 된다. 거기 가면 안 좋다" 그런 건 내가 터치를 시켜주는데, 뭐 아무 지장이 없잖아요. 그리고 내가 단원고를, 그전에 회사 다닐 때 출퇴근할 때 자전거를 타고 출퇴근을 했었거든요. 가다 보면 단원고가 있었거든요. 그러면 학생들도 괜찮고 뭐 '애들 공부 잘하나 보다' 하면서 그걸 매년 봤거든요. 그거 보고 나서 "어 그래 괜찮을 거 같다. 그냥 다녀라" 그래서 다녔는데. 1년 참 잘 다녔었는데….

면담자   학교 가서도 친구들하고도 좋아하고 잘 다녔어요?

은지 아빠   네, 친구들하고 잘 어울렸어요.

면담자   중학교 때는 은지 친구들이랑 부모님들이랑은 교류는 좀 있었나요?

은지 아빠   아, 은지 엄마는 좀 했었을 거예요.

면담자   아, 어머님이?

은지 아빠   네. 저는 이제 일이 있으면 바쁘다 보니까 못 했구요. 또 그 은지 중학교 때는 내가 그때는 주간 2교대가 아니라 주간 2, 주야 2교대 했었거든요.

면담자   아, 야간에도 일하셨어요?

은지 아빠   응. 10시간, 10시간 해서. 그때는 이제 안 바뀌어갖고. 바뀐 지가 얼마 안 됐어요. 한 2년 정도 됐나? 한 3년 됐네요. 그러니까 뭐 그땐 이제 힘드니까, 내가 시간이 안 나니까. 단지 뭐 시간이 난다면 5월 1일 날, 근로자의 날. 그때는 저기 둘째가 이제 체육대회를 해요. 고등학교[중학교] 때는 체육대회를 하잖아요. 그때 가면 은지도 따라가고 그랬다고. 우리도 이제 그게 끝나면 "이거 먹자, 저거 먹자"가 아니라 "니네 뭐 먹고 싶냐?" 뭐 먹었으면 [좋겠는지] 먼저 물어봐요. 우린 그러니까 가서 "이거 먹자, 저거 먹자"가 아니라 "너 뭐 먹을래? 뭐 먹고 싶어?" 그렇게 얘기한다고. 그럼 자기 먹고 싶은 대로 "이거 먹고 싶다, 저거 먹고 싶다" 욕구대로 하고.

면담자   부모님께서 아이들의 의견을 민주적으로 잘 물어보셨네요.

은지 아빠   많이 존중해 줘요. 왜 그냐면 아니 "내가 이거 먹고 싶은데 너 이거 먹을라냐?"[가 아니라] "너 어떤 거 먹고 싶은지" 자기 원하는 [걸 존중하는] 거지. 근데 부모가 "이거, 이거 먹자" 그러면 어거지 시키는 거 아니에요? 그게 싫다 이거야. 자기가 먹고 싶은 거 있을 거 아니에요, 같은 음식집을 가더라도.

면담자   아버님은 '아이를 키우면 이렇게 키워야지'라고 생각이 좀 있으셨어요?

은지 아빠   그죠. 어렸을 때 막 "공부 못한다. 공부 잘해라" 그것 때문에 [뭐라 한 적은 없어요]. 우리는 공부 못한다 해도 어차피 내가 데리고 살면 되는데 뭘. 굳이 공부 잘하라 할 필요 있나 뭐. 더 공부 잘하라고 막 학원 보내고 [그러면] 더 힘들다고. 그게 주위에 뉴스도 보고 자살하고, 밤에 쓰러지고 그런 거 보니까 '은지한테는 저러면 안 되겠다' 난 그렇게 생각했었다고. 뭐 그렇게 하고. 서로 대화를 많이 하고 그러니까 애가 밝아, 밝은 거야. 밝은 모습 해갖고 친구들도 많이 사귀고.

면담자   그러니까 친구들한테 사진도 많이 보내주고 그랬을 거 같아요.

은지 아빠   응. 그러니까 집에 두 딸내미하고 안사람하고 있으면 시끌시끌해요. 그냥 대로변처럼 시끌시끌하다고.

면담자   은지를 보내기 이전에는 사회적인 문제나 이런 거에 대해서 관심이 있으신 편이셨어요?

은지 아빠   조금 있었죠. 뉴스를 보니까. 그때는 스마트폰이 아니라 투지(2G)였다고. 근데 우리가 투지를 가지고 있을 때, 애 엄마랑 같이 투지를 갖고 있을 때 애들은 스마트폰을 [샀어요]. 그러니까 "이왕 사는 거 좋은 거 하자" 그래 갖고 스마트폰을, 애들은 다 줬다고요. 이제 휴대폰 필요하대, "알았어. 그럼 이거 아빠 거 줄까?", "아니 그거 말고 새로 나온 거", "알았어, 그럼" 해서 휴대폰 해갖고 줬는데. 이것처럼 액정이 막 깨진 거 있잖아요, 화면이. 갈아줄래도 "아니 괜찮아. 잘 보이는데, 뭐" 그래. 그냥 써요. 그래 갖고 내가 이제 수학여행 갔다 오면 바꿔줄라고 휴대폰 새로 바꿔줄 라고 그랬는데…. 아니면 가기 전에 바꿔줬으면…….

7
4월 16일

면담자　15일에 혹시 은지한테 연락이 왔었어요?

은지 아빠　근데 아빠한테는 잘 안 해.

면담자　아빠한테는 전화 안 했어요?

은지 아빠　내가 전화 안 하면 전화 안 해, 우리 애들은. 은지가 은지 엄마한테 전화했었대.

면담자　엄마는 통화하셨대요?

은지 아빠　4월 16일 날 해갖고 9신가? 9시 10분? 그때 전화했었 어요.

면담자　아침이요? 아니면 밤?

은지 아빠　아침이요. 4월 16일 9시쯤. 거의 8시 50분인가 아침 에. 제가 그때가 [전날] 야간근무였었거든요. 근데 아침에 일어나니 까 뉴스 보니까 이제 '어?' 내가 듣고 나니까 은지 엄마가 갑자기 "저기 우리 애 단원고 어쩌고저쩌고 나왔어". '뭐여, 이건?' 하고 딱 보니까 '어? 구조가 다 됐네?' 하고. 이제 구조가 되면 안심을 하잖아요. 근데 난 그게 아니거든. 이제 그런 상황이 있을 때는 애가 놀래잖아. 놀랜단 말이에요. "안 되겠다. 내가 같이 내려가자". 내려가서 담요를 가져가고 잠바를 해갖고. 또 엄청 놀랬을까 걱정했는데, "가자" 그러고 준비해 가지고 내려갔었다고.

면담자   그러면은 그 전날 밤에는 은지가 어머니랑 통화를 했었어요?

은지 아빠   아뇨, 밤에는 모르겠어요. 밤에는 모르는데 아침에 통화를 했었다고. 통화를 하면서 "엄마 옆에 누가 캐비닛 넘어졌는데 누가 다쳤다. 피 흘리고 그랬다. 무섭다" 그런 얘기를 했었어요.

면담자   직접 어머님이랑 통화를 했는데.

은지 아빠   네. 엄마랑 통화를 해갖고.

면담자   그 뉴스를 보고 난 다음에 아버님, 어머님은 학교로 가지 않고 바로 출발하셨어요?

은지 아빠   아뇨. 일단 학교를 가봐야 되니까. 우선 학교를 애 엄마가 먼저 가고, 나는 이제 회사 측에도 얘기를 해야 되니까. "그런 사연이 있으니까 하루만 휴가를 달라. 내려갔다가 애를 데리고 온다" 그런 식으로 해갖고 휴가를 내달라고 해갖고 얘기를 하고 내려갔다고. 이제 학교로 갔더니 그런 상황이야. 그래서 거기서 버스 대절해 갖고 타고 갔죠. 가갖고 우리는 체육관에 갔다가 난 체육관 싫고 현장을 봐야 되니까 팽목항으로 갔었다구요. 팽목 가니까 그냥…(한숨). 진짜, 거기 들어가고 싶은데 못 들어가게 막고 있으니…….

면담자　　　학교에서 부모님들이 학교 강당에 모여 있을 때도 학교의 말이 계속 바뀌었잖아요? 처음에는 "다, 전원 구조됐다"라는 문자도 했고, 그래서 버스 대절 문의해 가지고 버스도 좀 11시쯤, 시간 기다렸다가 출발했다고 들었어요. 네 대가 함께 갔다고 해서 시간이 지체가 많이 됐다고.

은지 아빠　　　그러니까 일부러 그것도 시간을 끈 거 같아요. 그냥 한 대라도 빨리 출발을 했어야 되는데. 그것도 막 늦춰 간 거 같다고. 그러니까 이제 그 학교에서 이런 A4 용지에다가, 애들 그 반별로 전화번호가 찍힌 게 있어요, 부모들 전화번호. 그걸 통화를 다 했어요. 거의 다 했는데, 나중에 여기 와서 그거 보니까 통화 내역이 싹 없어진 거야. 내가 그걸 한 거의 100통화 이상 했는데, 다 통화를 했다고. 애들한테 통화를 하고 부모님들도 통화를 해보고 안 받았거든, 전부 다 안 받아. 받은 거는 거의 거 뭐더라? 탁구 애들, 탁구부들. 걔네는 탁구 때문에 수학여행을 못 갔었다고. 걔네들 이제 받을 때 받았었는데. 그걸 몇 통화를 했는데 다 사라진 거예요. 나중에 보니까.

면담자　　　아버님 전화기에서 통화 내역이 다 사라진 거라는 말씀이세요?

은지 아빠　　　네, 전화기에 다 사라지고. 그리고 주위 사람들도 물어 보니까 그날 4월 16일 날 통화한 내역이 싹 없어졌어요, 그 통화 내역이. 그렇게 통화를 많이 했는데. 요금 나올 때도 엄청 나왔는데, 그날. 근데 통화 내역이 왜 없어졌는지, 없어진 이유가 뭐냐고… 투지(2G)도 없어졌어요, 투지도. 그때 옛날에 그 스마트폰도 사람들이 많이 쓰잖아요. 싹 없어진 거야, 싹.

면담자　　　그때 어머님이랑 같이 학교에서 대절한 버스로 출발하셨어요?

은지 아빠　　　네, 버스로. 버스에는 이제 학부모님하고 교장하고 교사들, 공무원 한 명이 더 탔었어요. 그러니까 그 상황에서는 부모님이 누군지 모르잖아. 거기에 정보원이 탈지 어떻게 알아요, 모르잖아. 근데 거의 다 부모님이 계셨어. 엄마랑 아빠랑 같이 탄 거 같아. 그러니까 옛날에, 다 그거 지나고 나서 보니까 거기에 주위에 정보원들이 많이 깔린 거 같아. 우리가 뭐 이렇게 하면 막 부추기고 못 하게 만들고. 그러니까 하다 보면 이제 주위에 웬만하면 알잖아요. 그럼 딱 보면 봤으니까 아는데, 모르는 사람이 [수상하게 행동하면] 저 새끼는 잡아다가 뭐라 할 수 없고 그냥 아는 척만 하는 거예요. 지금 같으면 딱 보면 "너 누구야?" 딱 나오는데. 많이 보던 사람이기 때문에, 유가족들은. 그러니까 유가족들은 지금 같으면 [아직] 모르는 사람 있어요. 근데 나는 그 유가족 [안면]을 많이 익히게 된 이유는 그 도보 행진 할 때 그때 많이 익혔어요. 그때 뭐 여러 사람 다 보니까.

그리고 그때도 그 도보 행진 하면서 '4·16TV' 그거를 했었다고. 그때 웅기 큰형이 하다가 그만두고 그 중간에 들어간 거죠. 그건 [어떻게] 한다고 해갖고. 근데 이제 기자가 없대. 그 사진을 찍어야 되는데. 그래서 "알았어. 그럼 내가 할게" 했는데(한숨). 이거 엄청 힘든 거야. 이게 더 힘든 거야, 도보 행진보다. 걷는 게 낫지. 막 뛰어 다녀야 하고. 저 육교 있으면 육교에 올라가서 찍어야 되고. 좋은 거는 찍어야 되니까. 그렇게 하다 보니까 유가족들을 많이 안 거야, 그때. 얼굴을 다 익히고 뭐, 재욱이 엄마, 영석이 엄마든지 순범이 엄마, 알지, 또 많이 아는 거예요. 알다 보니까 나중엔 그런 게 좋더만. 아는 사람이 모르는 사람을 터치를 하고 "너 누구냐" 하게 되는데(한숨). 그때 생각을 하면 또.

면담자　　버스를 타고 내려가실 때는 구조가 돼서 올 거라는 생각으로 가셨던 거죠?

은지 아빠　　그때는. 버스 타면서 교사가 이제 "누가 구출이 됐습니다" 하고 명단을 해줘요. 명단을 다 적어줬다고. "누구 아빠, 몇 반, 누구 구조됐습니다" 얘기를 이렇게 해줬다구. 근데 우리 같은 경우 이름이 없는 거야. 그러니까 그냥 계속 가는 거예요. 그러니까 매번 계속 얘기를 해줬다구, 가는 중에도. 또 그러니까 시간이 어떻게 가는지 몰라. 정신이 없는 거 같아.

면담자　　기도는 하셨어요?

은지 아빠　　기도는, 잊어먹었죠(웃음).

면담자   도착하셔서서 어머님은 체육관에 계셨나요?

은지 아빠   아니, 저희는 둘이 같이 다녔어요. 어, 팽목으로 갔어요. 바로, 아니, 진도체육관 들렀다가, 거의 네 식구는 거기 내리고 그다음에 나머지는 이제 거의 [버스] 서너 대가 거기 팽목으로 갔어요.

8
팽목항에서 겪은 일들

면담자   그럼 대다수의 분들이 팽목으로 바로 가셨네요?

은지 아빠   현장으로 가야 되니까. 팽목 가서.

면담자   처음에 팽목에 도착하셨을 때 어떤 상황이었어요?

은지 아빠   도착했을 때 뭐, 그때 깜깜한 밤이니까. 뭐 그때 상황이 그렇지요. 기자들만 잔뜩 많고.

면담자   기자들만 잔뜩 많은 그 장면을 좀 더 상세히 설명해주세요.

은지 아빠   현황판에 딱 이름 붙여갖고 신분들이 딱 나오는데 [은지가] 없는 거야. 그래도 뭐 거의 없죠. 왔다 갔다… 있다가 거기 사람들 와갖고 "왜 안 하나, 왜 작업 안 하냐" 따지고 그랬죠. 사람들 거짓말만 하고. 기자들이 와갖고 막 촬영하고. 그랬는데 한 이들까지는 뭐 기자들한테도 뭐라고 안 했어요. 근데 한 이틀째 지나니까 얘네들이 방송을 안 하는 거예요. 다 편집을 한 거야. 그래 갖고 부모들이 "니네 방송 안 하면 나가라". 하면서 때려 부순다, 부수고 난리… 뭐 싸움도 했어요. 그래서 나중에는 그 기자들도 골라서 외신기자, JTBC, YTN 같은 데 "니네들 이거 실시간으로 보내라. 그거 해서 해라. 찍어라. 그러니까 와서 해" 그러고. 다른 데서 찍으면 막 쇠파이프로 던지고 난리 쳤다니까, 못 찍게. "니넨 찍어서 편집하는데 뭐 하러 찍냐, 가!" 막 그랬거든요. 엄청 싸웠다고, 기자들하고. 그 브리핑하는데도 "막 지금 구조가 되고 있습니다" [라고 하지만] 진행? 진행이 뭘 진행이 돼. 응? 배가 완전히 기울어지고 파묻히니까, 응, 그러면 잠수사가 들어가서 구해야 될 거 아니야. 안 하잖아. 이렇게 멀리서 보면 조명탄 푸욱 뿌려놓으면, 엄청 뿌려대.

면담자   조명탄이 많이 터졌어요?

은지 아빠   네. 계속 많이 터졌대요. 그 조명탄도 친구가 얘기하는데, 거기에 비행기가 왔다 갔다 한 대요, 계속. 그러니까 거기 불발탄도 엄청 많을 거 아니야. 그 바닷가에 다 뿌렸으니 그 양식장 다 어떻게 해, 그 사람들은. 그렇다고 지네들이[정부에서] 그 불발탄 다 제거하는 것도 아니고.

면담자   16일에 도착하셔서 계속 팽목에만 계셨어요?

은지 아빠   나는 거의 일주일을 은지 나오기까지 있었어요. 있다가, 도저히 은지가 안 나오고 그러니까… 소식도 없고 그래서 이제 위에도[안산에] 동생들을 다른 사람들 측에 맡겨놨다구요. 일주일쯤 되니까 고생하잖아요. 은지, ○○이 같으면 또 옛날에 △△ 아플 때 외갓집에 [보냈었는데], 남이 아니지만은 외갓집에도[이라도] 남이잖아요. 거기 있다 보니까 애가 성격이 좀 안 좋아지니까 웬만하면은 "남의 집 맡겨서 미안하다" 하고. 저기 일주일 만에 또 소연이 아빠가 "체육관이 편하다. 와서 쉬어라. 거기보다 낫다". 솔직히 말해서 거 팽목에서 힘들었어요. 잘 데도 없었어요. 잘 데도 있긴 있는데, 딱 들어가면 내 자린데 거기 짐이랑 가방이 있어. 자라면 자나요? 나는 가서 이제 밖에 나가서 상황을 봐야 될 거 아니에요. 갔다 오면 벌써 꽉 차고.

면담자　　　자리도 부족했네요.

은지 아빠　　　그래, 뭐에 왜 [자리가] 부족한가 봤더니 우리 유가족들은 별로 없어요. 거기에 [친척처럼 다른] 가족분들이 있어요. 내가 만일에 내가 유가족이 아니고 다른 가족이야. 그럼 그 사람이랑 그 주위에도 [함께 온] 똑같은 인간들이 많을 거 아니야. 그럼 그 사람들 재워야지. 응? 그 사람들은 안 자더라도, 그럼 자기가 나가서 자든지, 옆에 여관방이나 거기 민박집이 있거든. 거기서 잘 수 있는 걸 굳이 그 가족하고 같이 잘 수 있냐고.

면담자　　　아, 친척분들이 오셔서….

은지 아빠　　　편의를 봐줘야 되는데, 내가 그거는 진짜 보기 싫드만. 아무리 그런 상황에도, 아니 유가족들은 잘 데가 없어 가지고 그냥 이런 그 플라스틱 의자 같은 데 있잖아요. 거기서 꼬박 새웠다니까. 그것도 계속 일주일 동안, 한 5일 동안. 담요도 없고. 그래도 자원봉사 온 사람들이 막 와서 "이거 드세요, 저거 드세요" [하는데] 먹게 되나요? 안 먹죠. 거의 한, 거의 거의 일주일 동안 안 먹었어, 물만 마시고. 입맛이 안 나는 거야, 생각도 안 나고. 주위에서 막 좋은 거 갖다 보여도, "아, 괜찮다"고 "싫다"고. 이제 막 비도 오고 해도 '얘가 언제 나올까… 나올 텐데'.

이제 그때는 카톡으로 저게 왔었어요. 사람들이 막 카톡으로 뭐 "배 안에 애들이 있다. 문자가 왔다. 카톡으로 왔다" 막 그런 얘기가 나온 거예요. 옛날에는[그 당시에는] 홍×× 씨가 얘기를 해갖고 "애들 배 안에 있는데, 들어갔었는데 애들이 배 안에 있다. 빨리 구해라". 그 얘기 들어보면 그 사람이 거짓말을 했더라도, 그게 진짜였어요. 그러면 애들[이 살아 있다면] 그게 진짜든 가짜든 들어갔어야죠. 잠수사들이 안 들어갔단 말야. 해경이 막아버렸다고, 못 들어가게. 그 사람이 거짓말을 옛날에 거짓말을 했든 진짜 말을 했든, 어? 한번 들어가 보고, 들어가 보지도 않고 무조건 안 들어가면 어떻게 해? 그거 거짓말이라고 사기죄로 고발을 한다 어쩌고 하지 말고. 내가 그 사람 얘기를 하자면, 그때는 사기 치고 [한다고] 그랬는데, 그 얘기 할 때를 지금 [생각해] 보면 그 사람[이] 거짓말이나 한 거 같지 않다고.

면담자   요새 그렇게 생각이 바뀌셨어요?

은지 아빠   아니, 그전에도 그렇게 생각했었어요. 아니, 그 사람이 거짓말해도 "배 안에 사람 있으니까 한번 가봐라. 들어가라"[라는 건데] 안 들어갔어요. 그때 조명탄만 열심히 터트리기만 했지 들어가진 않았다고.

면담자   아버님도 계속 잠수사 계속 투입하라고 막 직접 요구하셨어요?

은지 아빠   아니, 나는 안 했죠. 주위에서 그렇게 하라고 [했고] 나는 이제 상황 파악을 좀 한 거죠. 붙어주고[도와주기도 하고].

면담자   아버님은 앞에 나서서 요구하시지는 않으셨구요?

은지 아빠   네. 그런 성격은 아니에요.

면담자   그때 부모님들 중에서도 나서서 "가족대책위를 만들자"는 분도 계셨고, 성명서를 발표하는 분들도 계셨잖아요. 그때는 그분들 하시는 것들을 같이 보고, 같이 하시기만 했네요.

은지 아빠   네. 같이 보기만 했죠. 어차피 그 배가 완전히 뒤집혀 갖고 물속으로 들어갔을 때 우선 난 그렇게 들어갔을 때 그때부터 포기를 했어요. '아. 우리 애들 죽었다. 더 이상 안 되겠다'. 뭐 배 그 뒤집힌 배에서 두드리면 뭐 소리가 나? 들어가 봐야지. '끝났다. 이제 애들 시신밖에 별로 없다'. 그래서 이제 그때부터 포기를 하고(한숨). 애들 시신 수습을 해야 될 거 아니야, 어떻게 방법이 없잖아.

은지 아빠 한홍덕

우리가 이제 배 타고 거기 현장에 갔는데, 제대로 안 해. 우리 올 때만 하는 척 하지 나가면 안 해. 그 기자들 거기 들어가서 촬영했었잖아요. 걔들 촬영했었는데 촬영한 거 하나도 안 나와.

면담자　　해경 배를 타고 갔다 오셨어요?

은지 아빠　　바지선 타고. 원래 내가 멀미가 되게 심하거든요, 뱃멀미가. 근데 정신이 없으니까 뱃멀미하는지 생각도 안 하고 그냥 가. 동거차도 갔을 때도 저기 그 진도에 가서 거기 약국 가서 "뱃멀미를 좀 심하게 하는데" 그랬더니 알약을 두 개 주는 거야. 그거 먹으니까 좀 나아. 뱃멀미가 엄청 심했다구요. 옛날에 신혼여행 갔을 때도 배를 타고 행글라이더인가? 패러글라이딩이다. 그걸 탔었거든요. 그 낙하산 해갖고 배를 연결해 갖고 올라타는 거[패러세일링] 있잖아요. 그때 뱃멀미도 엄청 심한데 그거 타니까 막 배가 울렁거리지…. 다시는 배는 안 탈라고 그랬었거든요. 어쩌다 보니까 이렇게 동거차도에 오다 보니까 배를 타네.

9
은지가 돌아온 날

면담자　　은지가 살아 있을 거라는 기대를 놓은 시점 이후로는… 아버님은 은지가 돌아올 때까지 어떻게 계셨나요?

은지 아빠　　　그래요…. '시신이라도 왔으면 좋겠다' 생각을 했는데 그냥 거의 한 5일 동안에는 그냥 텐트에서 자고. 아니면 그 거의 한 4일째 되는 날에 어디 그 뭐 구조협회라고 해갖고 거기 있었다구요. 거기서 어떤 어민이, 잘 데가 없어 갖고 여기서 있는데, 그 사람이 [잘 수 있게] 그 옆에 자리를 하나 만들어줬다고. 이렇게 [자리를] 깔아주고 잘 데 없으면 거기서 자라고 이렇게 칸막이까지 해준 거예요. "잘 데 없으면 여기서 주무시라"고. "네, 알았습니다. 고맙습니다". "잘 데 없으면 주무시라"고. 그래서 애 엄마도 거기서 자니까 그냥 잔거야(웃음). 그분은 피곤하니까 푹 자고…. [나는] 거의 앉아서 뜬 눈으로 새우니까.

　　처음 나오면[아이들이 본격적으로 수습되기 시작한 뒤부터] 이렇게 딱 앉아 있으면 배가 들어오는 소리가 나요. 자다가 아침 몇 시면 저기 비 오고 그러면 배가 들어와. 그럼 '애들이 들어왔구나' 하면서 거기로 가. 처음에 애들이 시신이 거기 팽목에 들어왔었거든요. 원래, 그 시신을 원래 안 보여주거든요? 안 보여주는데, 거기서 임의적으로 해갖고 유가족만 해갖고 보여준다고. 기자들 다 빼고 보여준다는 식으로 해갖고. 그 대신 이제 "지 아들내미 아들 그러니까 남자, 아니면 여자면 여자만 보자[남학생 부모는 남학생 시신만 확인하는 식으로]" 그렇게 하자고. 아니면 다 몰려가서 [안 되니까]. 남학생은 남학생들만 보고. 여학생이면 여학생 보고. 그러니까 남자 시신 때는 남자 학부모들뿐만 아니라 남자 일반 분들도 보고. 여자 시신 오면 여자 학생이나 부모님들이 와서 보게, 여자들만 보게.

딱 봤는데 첨에 딱 보니까 처음에 봤을 때 김초원 선생님이 올라왔고. 딸들은 다 보고 했는데도, 우리[은지]는 없었어요, 계속. 그러면 이제 거기서 계속 또 앉아 있다가. 또 깜빡 졸다가도 또 배 소리 나서 벌떡 또… 완전 자동이에요. 배 소리 났다 하면 인나[일어나]갖고 뛰어가는 거야, 거기까지. 그럼 수시로 와갖고 왔다 갔다 보는 거야. 잠도 안 자고.

면담자   처음에 아이들이 수습되어 왔을 때는 가족들만 확인한 것이 아니고 다 같이 가서 확인을 하는 식이었네요?

은지 아빠   네. 그러니까 부모들이 잠을 안 자고 가서 하는 거야. 배 소리 딱 들리면 바로 뛰어가는 거야. 웬만한 사람들은 자고 있겠지마는 거의 부모들이 가서 봤어. 딸이면 딸, 아니면 아들이면 아들끼리 양쪽으로. 이제 그러니까 이렇게 두 갈래 되는 거야. 남자 이쪽, 여자 이쪽 시신이 이렇게 들어오잖아. 그러면 남자들은 남자끼리 보고 여자들은 여자끼리 보고. 누가 들어왔는지 얼굴 다 보이니까.

처음에 시신들 그때 올라왔을 때는 그래도 아직 살아 있었어. 죽었는데 얼굴 피부 색깔이 다 살아 있는 거 같아. 원래 허옇잖아요. 근데 그냥 살아 있는 거 같이, 산 것처럼 자고 있는 것 같애. 우리 딸도 그랬었는데 뭐. 그래 갖고 몇 번 하다가 이제 도저히 지쳐갖고 애 엄마가 지치고 애들도 걱정이 돼갖고 진도체육관으로 온 거예요. 와갖고 "야, 우리 때문에 애들 지치고 힘드니까 올라가자.

올라갔다 내려오자" 그래 갖고 그날 올라가 갖고 거의 20일 날쯤 됐을 거예요. 20일 날쯤 해갖고 올라갔어요. 안산에 왔는데 둘이 같이 오고. [은지가] 언제 나올지 모르니까 "우선은 니가 여기 있고 애들이랑 같이 있고, 내가 이제 내려간다" [그러고] 혼자 내려갔어. 바로 그다음 날 21일 날 바로 내려온 거야.

진도체육관에 와갖고. 그래 갖고(침묵). 22일 날쯤. 거의 거기 진도체육관에 있으면서도, 애들이 이렇게 올라오잖아요. 그러면 글씨로[시신 인양 정보가] 이렇게 와요. 그런데 아직도 내가 글씨가 그게 있거든요. 이렇게 사람이 많다 보니까. (휴대폰으로 찍은 시신 인양 정보를 보여주며) 이게 처음에 나왔던 건데, 이게 거의 [특징 등이] 비슷했거든. 근데 이게 아니었었다고[조금씩 틀리다고]. 이게 142번쨴데, 이게 은지가 전화번호가 이거거든요. 우리 집은 6810 끝에 [전화]번호가 똑같아요. 그래 갖고 다른 거는 다 모르는데, 이 전화번호 때문에 찾았다고, 4월 23일에.

면담자   아, 여기 번호가 몇 번째 올라왔는지 그 번호군요.

은지 아빠   응, 그래요. 몇 번째 올라온 건지. 142번째 올라온 거지.

면담자   그전에 유전자 검사도 하셨어요?

은지 아빠   아니, 우리 [아이 올라올] 때 했어요. 4월 23일 날.

면담자   4월 23일부터 했군요?

은지 아빠　　　　네. 그래 갖고 시신을 인계를 못 했다고. 옛날, 그전에 22일 날 올라온 사람들은 그냥 데리고 갔는데, 우리 아이가 23일 날 올라왔을 때는 갑자기 막 저기 뭐라고 했었다고. 뭐 이거 애들에 대한 거 상세히 써야 되고, 진짜 까다롭게 했다고. "왜 내 애, 내 딸내미 시신 찾아가겠다는데 왜 그러냐"고 막 따지고 그랬었다고. 싸우기도 하고 했어요. 그러다가 뭐 나중에 뭐 싸우다 하니까 이제 "DNA 검사해야 된다. 막 시신이 바뀌고 그렇다"더라고. 근데 내가 가장, 솔직히 진짜 이해가 안 되는 거는 시신이 왜 바뀌냐고. '자기 딸, 자기 아들인데 자기가 모르는가? 딱 보면 그거 다 아는 건데 그, 모른다는 거 쫌 문제가 있지 않나?' 난 그랬거든요. 나도 이제 진도에 있을 때 비슷하게 [생긴 아이가] 올라오잖아요. 그러면 한번 봐, 가서. 그래 갖고 딱 보면서 "아, 이거 몇 번 학생인데, 딸내미 같은데 한번 볼 수 있을까요?" 그러면 걔네들이 이렇게 사진 올려주고 어디서 바지선에서 애 시신 올라온 사진 찍어서 올려요. 그러면 사진을 보여줘요. 한 서너 장을 보여줘요. 딱 보면 우리 애 보인다고. 얼굴 딱 보면 보인다구요, 아닌지 긴지를. 근데 그때 상황에서는 애들이 그렇게 붓지를 않았었다고. 다 이제 알 수 있어요, 그때는. 이제 그 후로가 이제 많이 애들이 부어서 올라왔는데, 나 때까지는 애들이 아직 안 불었어. 이렇게 물 먹은 것처럼 안 불었다고요. 다 멀쩡했어.

　　우리 은지 올라오기 전에 내가 그 체육관에 내려와서 딱 나와 갖고 이제 힘드니까 주위 한 바퀴 돌아오려고 하는데, 그 기독교

감리교에서 성가가 나온 거예요. 참 듣기가 좋아서 듣다가, 그다음 날 아침에 일어났는데(한숨), 막 심란한 거예요. 생각이 막 그렇고 막 불안한 것처럼 해갖고. 서울대 그 뭐 해갖고 그 뒤에서 심리치료받길래 상담을 해봤어요. 조금 얘기하다 보니까 좀 풀어지데요. 그리고 어제 그 찬송가가 나오길래 딱 관계자 같은데 목산가 봐요. 목사님한테 "아, 이거, 다른 거 온 게 아니라 음악 소리가 좋아 갖고 이 찬송가 좀 듣자. 음악 소리 좀 듣자" 해서 듣고 나서 이제 다음에 '에이. 오겠지' 하고 저기 가서 '한 번 더 확인해 보자' 하고 확인 딱 하니까 이게 올라온 거예요, 142번째로.

마침 그때 또 혜원이가, 혜원이도 3반이거든요. 거기 또 혜원이 아빠가 있어 가지고 "야, 이거 맞지? 맞지?" 거기서 이제 알았어요. 혜원이란 친구 아빠를 거기서 알았다구요. 딱 보니까 "누구 딸 맞지?" 막 정신이 없으니까. 나는 그 번호가 맞으니까 "어, 형 맞아, 맞아, 맞아", "은지 아빠 맞아요. 은지 아빠 맞아요". 저기 그래도 확인을 해야 되니까, 거기 가서 사진을 보여주길래 딱 보니까 은지 네. 그래 갖고 어떻게 해. 근데 이제 급하니까 우선은 거기 차를 또 대절을 했어요, 팽목까지 가는 거를. 가면서 이제 은지 엄마한테 전화를 한 거지. "야, 우리 은지 찾았다. 시신 나왔다. 내려와라" 우선은 이제 내려와야 되니까. 바로 뭐 내려올 정신이 없으니까 그때 또 바로 위에 형이 있었거든요. 형님이 그때 많이 도와줬어요. 형수님하고 같이 차를 끌고 같이 내려오셨어요. 근데 애들은 이제 또 봐줄 사람이 없어 갖고, 또 처남이 또 와서 애들을 많이 봐줬어요.

그때 상황에서도 그 짧은 시간 동안에, 은지 엄마가 오는 동안에 나는 팽목에 가서, 애는 이제 그때 들어왔길래 확인을 했어요. 가서 보니까 맞네. 아니, 애가 자고 있네, 자는 모습이에요. 원래 걔가 실눈 뜨고 자거든요. 자는 모습이에요(한숨). 그거 보니 눈물 나갖고, "미안하다"고, "아빠가 이거밖에 안 된다"(한숨).

면담자   바로 장례식장으로 가셨어요?

은지 아빠   아뇨. 못 갔었어요. 나 혼자 이제 애 시신 보고 울고 그다음에 "나중에 애 엄마 오면 다시 볼 수 있냐"고 그랬더니 개네들도 "그럼 볼 수 있다"[고 해서] "그렇게 해주십시오" 하고. 애 엄마랑 형님이랑 이제 팽목 왔어요. 와갖고 이제 볼라니까 애들이 또 안 보여주는 거야. 냉장고에 있는데 꺼내기도 뭐 하고 그러니까 못 보여주겠다고 그래. "그럼 어떻게 볼 수 있냐" 그랬더니 사진을 해갖고 보여주는 거예요. 은지 엄마가 딱 보더니, 맞다고. 근데 목걸이가 하나 있었거든요. 이 목걸이가 원래 애 엄마 목걸이였었어요. 그러니까 누구 선물로 받아온 건데, 가기 전에 지 목걸이는 안 차고 그걸 찾다 보니까 엄마 목걸이를 가져간 거예요. 차고 들어갔는데 그걸 딱 보니까 "어우, 너 은지 같다". 자기 엄마 목걸이니까 딱 보니까 아니까. 그리고 이제 있다 보니까 시신 인계를 해야 될 거 아냐. 지네들이 그랬거든요, "인계해 주겠다. 바로 엄마 데리고 오면". 아니면 내가 그럴 줄 알았으면 내가 나라도 데리고 올라왔을 건데, 저기 우선은 은지 엄마가 봐야 되니까. 나만 보면 되나, 은지 엄마도 봐야 되니까. [아이를 데리고] 올라오려고 했는데 안 된다는 거야. 그래 갖고 DNA 검사하니까 그전에 그 애들 시신 [바뀐] 그것 때문인가. 피를 뽑고 다 했었다고, 다. 엄마들 다 하고 나도 다 뽑았었어, 미리. 혹시 모르니까 미리 뽑았다고. 그렇게 해갖고 했더니 "맞다"고 해갖고. 이제 장례식장도 그때는 안산에 없었어요. 저기 안산, 아니 시흥에 시흥장례식장이라고 맨 끝에 있어요. 거기서도 이제 그 상조회에서 뭐를 해준다는 등 해갖고.

면담자　　　아버님 직장에서요?

은지 아빠　　　아니, 이제 여기 일반 상조회사 있잖아요. 거기서 해준다고 해갖고 해주고. 그러니까 시에서 해주는 거겠죠. 그래 갖고 이제 오기 전에 [DNA] 검사했잖아요. 나는 이제 인계한다는 인수증 쓰고. 그다음에 그 확인서 같은 거 있잖아요, 그거 받고. 그리고 그동안에 은지 엄마는 은지 보고 울고. 거기서 이제 왔지요. 오는데 그 차에 그냥 내가 타고 싶은 거예요. 은지 곁에 있고 싶어요. 그 마지막이라도 보고 싶을라고, 끝까지 지켜줄라고. 거기는 못 지켰으니까 그나마 지켜줄라고. 그래서 같이 타고 올라왔어요. 은지 엄마는 큰형이랑 같이 오고. 장례식장 와갖고 시흥장례식장 있을 때 (한숨) 거기 있을 때도 거의 3일 내내 잠도 안 자고 옆에 그냥 있었어요.

면담자　　　친구들도 왔어요?

은지 아빠　　　그죠. 친구들도 오고, 회사 사람들도 다 오고. 또 은지 친구들도 오고, 후배들도 오고, 선배들도 오고. 그리고 또 소각할 때도 은지 후배들이, 저 회사에서 [상여] 들러 왔었는데 티오피(TOP) 후배들이 자기가 들겠대. "아, 그러냐. 그렇게 해라". 그래 갖고 들고 하고 그렇게 했어요.

10
은지 장례식 이후의 변화들

면담자   지금 은지는 어디에 있어요?

은지 아빠   하늘공원이요. 원래는, 이거는 좀 이상한 얘기지마는 그 초원이 선생 아버지가 장례식장마다 그러니까 3반 장례식장마다 돌아다니면서 "김초원 선생이 서호에 있으니깐 그쪽 와라, 그쪽 와라. 모여 있자". 근데 나는 그게 아니었어요.

면담자   그게 맘에 안 드셨어요?

은지 아빠   아니, 맘에 안 드는 게 아니라, 그냥 거기 그냥 정한 대로 하라니까 정한 대로 했는데, 나중에 하늘공원 한 게 후회는 안 한 거 같아요. 왜 그냐면 집이 가까우니까. 자주 갈 수 있으니까. 서호나 다른 데 갈라면 한참 가야 되거든요. 그리고 차가 있어야 되고. 근데 여기 하늘공원은 차들이 많이 다니거든요. 시내버스도 있고. 좌석버스 320번도 있고. 그러니까 가기도 편하잖아요. 언제든 갈 수 있고, 가까운 데 있고. 그리고 그리고 딱 한 가지 뭐가 문제냐면, 문제가 아니지, 좋은 점은 ××라는 애도 친구니까 서울에 있으니까 가까운 데가 하늘공원이잖아요, 가깝고. 서울에서 저기 320번 타고 와갖고.

그 납골당에 거기 [처음에는] 은지 사진이 하나도 없었어요, 상황이 그러다 보니까. 그리고 그다음 날 딱 가니까 벌써 다 친구들이 다 도배를 해놨어. 친구하고 뭐 후배들하고 거기다 도배를, 그 좁은 데다가. 우리도 우리 이제 가족 다 모인 사진 있어요. 그거랑 어렸을 때 사진 하나 붙여놓고 나머지는 놔뒀어요.

그러니까 좀 지금도 그래요. 거기다 사진을 붙이거나 편지 같은 거 두면 오래되잖아요. 삭아요. 그럼 안 버려요. 다 수거해 가지고 그걸 다 집에다 놔요. 지금도 은지 책상에다 하나도 버린 게 없어요. 다 있어요, 그대로. 그리고 은지가 입던 옷도 지금 ○○이가 입고 있어요. 그러니까 은지 책이랑 뭐랑 뭐 그때 갈 때부터 그대로. 그리고 학교에 가면 [추모 물품이 쌓여서] 약간 지저분하잖아요. 있으면 다 모아갖고 다 책상에다 깔아주고.

면담자　　　아버님이?

은지 아빠　　　네. 내가 가든지 은지 엄마가 이제 가든지, 엄마가 가든지 해갖고. 근데 내가 거의 수습을 하죠. '이거 좀 지저분하다, 이거 오래되면 삭을 것 같다' 싶으면 가져와서 코팅을 하죠. 집에 갖다 놓으면 더 나을 것 같으니까. 그러니까 학교에 있는 것도 웬만하면 다 가져와.

은지 아빠 한홍덕

면담자　아버님, 안산에서 진도까지 거리가 멀잖아요. 5시간 반 넘게 걸리는데 오가실 때 혹시 어떤 생각이 드셨나요?

은지 아빠　아무 생각이 안 나는 거야. 아무 생각 없어. 근데 뭐 하다 보니까 금방 벌써 안산에 온 거야. 아무 생각 없어. 그냥 아무 생각을 안 하고. 이제 올라가는 목적이 애들, 위에[안산에] 애들 두 명[다른 자식들]이 있으니까, 애들을 이제 다른 사람이 보고 있으니까 미안한 마음에 걔들을 데려와야 되니까. 그 생각들 외에는 막 생각이 아무 생각도 안 나. 그다음에 중간에 휴식한다고 화장실 갔다 오면, 애 엄마가 "뭐 먹고 싶냐"고 "뭐 사줄까" 물으면 그런 것도 아니고 생각도 없는 거예요, 커피나 물이나 마시고. 그냥 또 타고 올라가면 자. 그러니까 내내 잠을 못 잤다가 그 시간에 자버리는 거야. 그러니까 생각이 아무, 생각할 틈이 없는 거예요. 그럼 나는 그다음에 내려올 때는 이제 잡생각 하는 거예요, 막. '은지가 어디 헤엄쳐 갖고 어디 섬에 거기 살고 있다'는 그런 생각까지 나는 거예요, 내려오다 보면은. 그리고 막 '어디 산골짜기 그런 데에서 누가 아직 발견 못 해갖고 이렇게 하고 있다' 그런 생각까지 막 나는 거야. 잡생각이 많이 나는 거야, 어차피 끝났는데. '혹시 헤엄쳐 갖고 거기 뭐 동거차도에 가갖고, 떠내려가 갖고, 거기서 올라갔는데 누가 발견을 못 해서, 아니면 발견을 해서 같이 있다' 뭐 그렇게 생각을 했었다고.

면담자　뭐 꿈꾸시거나 이런 건 없으셨어요?

은지 아빠   은지 보내고 나서 꿈을 꿨는데, 이제 옆에 이렇게 안고 있는 거 꿈을 꿨어요, 은지랑. 그래 갖고 은지가 엄마 보고 싶대요. 엄마보고, "엄마, 엄마!" 불렀어요, 큰소리로 막. 그러니까 엄마 부르고. 순간적으로 내가 부르다가 발로 이렇게 옷장을 발로 친 거 같아요. 딱 차고 내가 깼어요. 깬 순간 이제 없어진 거예요. 근데 [꿈속에서] 은지가 뭐 이제 시험을 본대요. 그래 갖고 뭐 6관문을 이제 통과중이래요, 6관문. 근데 6관문이라는 게 없거든. 근데 불교식 할 때는 5관문까지밖에 없대요, 5관문까지지. 근데 은지가 6관문 통과한다고 뭐 막 그런 얘기를 들었어요, 그때 잠깐 꿈꿨을 때. 그리고 처음에 물고기 그림 같은 게 있었어요.

면담자   물고기 그림이요?

은지 아빠   네. 손으로 이렇게 여기다 스티커처럼 이렇게 붙이는 것처럼 물고기 그림이 있었다고. 그리고 은지한테 "뭐 하냐?" 하니까 지금 뭐 6관문을 통과하는 시험이 있다든가? 그런 얘기를 해요. 나중에 [해몽] 잘하는 사람한테 그 얘길 물어보니까 "불교는 5관문밖에 없는데 6관문이 뭘까?" 그런 꿈 얘길 했었다고. 바닷속에 뭐 6관문일까? 천사이려나? 그러고 이제까지 한 번도 안 나왔어. 근데 이제 자기 친구들이나 후배들한테 얘길 들어보면 걔네한테는 막 나오고, 친구들한테는.

면담자   아, 친구들 꿈에 나온다고.

은지 아빠   바쁜 거야(웃음). 바빠 갖고 엄마, 아빠한테는 안 나오고(침묵). 항상 은지 보면 항상 그랬어요. "너는 우리 집에서 제일 이쁘고 제일 착한 딸이다". 제일 이쁜 딸이라는 항상 그런 소릴 해갖고 (사진을 보여주며) 이쁘죠? 그래 갖고 나는 은지가 고등학교 됐으니까 다 컸으니까 '야, 시집갈 때는…' 시집, 그 상상을 한 거야. 시집갈 때 손잡고 보내야 될 거 아니야. 그 생각도 했는데, 그것도 못 하게 됐으니…….

면담자 동생들은 좀 어때요?

은지 아빠 아, 동생들은 이거 터지고 나서 이렇게 슬프다고 그런 내색도 안 해. 엄마, 아빠를 되게 이해를 많이 하는지. 지네들이 울고불고 [하는지는 모르고]. 누나나 언니가 그런 상황이 됐으면 슬프잖아요. 그러면 그거 보면 아빠, 엄마들이 힘들까 봐 내색을 안 해. 나중에 그런 내색을 하니까. 우리도 그렇게 했으니까. 우리는 이제, 저도 그 장례식 끝나고 나서 집에 왔을 때 집안에 있는 불을 다 켜놓고 잤어. 애들도 이제 그때가 지나고 나서는 끄고 잤는데, 그때는 끄고 자고. 막내는 자는 공간이 좀 멀어요. 우리는 원래 방이 세 갠데. 큰 방은 내가 아침에 출퇴근하다 보니까 애들 잠 깨는 거 귀찮아 하니까 내가 일부러 혼자서 잔다구요. 그전에도 혼자서 잤거든요. 새벽에 들어오면 내가 몰래 들어오고, 몰래 나가고. 근데 이제 애들은 다 거의 거실에서 자요.

이제 보일러가, 방이 끝이라서 들어가다 보면 딱 저기 물이 들어가는 속도가 늦어지고 별로 안 따뜻해요. 거기를 잠가버리고 거실하고 안방만 때는 거예요. 그럼 따듯하거든요. 그럼 이제 애 엄마랑 은지랑 ○○이랑 △△랑 거실에서 자고 나는 안방에서 자 고. 내가 안방에서 안 자면 은지가 안방에서 자고. 가끔 자다 보면 애들이 거기서 자. 편한가 봐요. 아빠 자리가 편한가 봐요. 그걸 좀 많이 느껴요.

가끔 은지가 학교 갈 때부터 밤늦게 야자를 했어요. 그리고 아 침 일찍 나가니까 피곤하잖아요. 밥도 못 먹고, 밥도 제대로 못 챙 겨 먹고 그러니까 내가 이제 새벽에, 새벽에 일 끝나면 옆에 편의 점 하나 있어요. 그러면 이제 햄버거라든지 샌드위치라든지 갖다 사줘요, 먹고 가라고. 그렇지 않으면, 제가 이제 야간작업하면 회 사에서 빵이나 우유가 나와요, 야간작업하면. 그러면 거의 사람들 이 빵하고 우유는 잘 안 먹어요. 그래 갖고 내가 다 챙겨오는 거예 요. 딱 갖다 놓으면 은지가 이제 먹고 가는 거예요, 빵하고 우유. 이제 그것도 없을 때에는 주간[작업] 때 같으면 없잖아요. 그럼 내 가 주간 끝나면 미리 사놔요. "니가 아침에 알아서 먹고 가" 이런 식으로.

면담자　　　학교는 걸어 다녔어요?

은지 아빠　　　은지는 버스 타고, 511번 거기 단원고 가는 버스가 있거든요. 그리고 올 때는 버스 탈 때도 있고, 걸어올 때도 있고. 그러니까 거기서 학교에서 화정천으로 해갖고 많이 걸어왔었다고. 그래서 친구들끼리 거기에 똑같은 동네가 많으니까. 잘 사 먹는 거야. 거기 3반 친구들이 거의 거기 있었거든요, 주변에. 지금도.

면담자   비슷한 데 친구들이 많이 살고 있었군요.

은지 아빠   그러니까 학교 갈 때도 이제 아침에 전화해. "누구야. 알았어. 나갈게", "지금 나가는 중이야", "어디야". 근데 은지는 지각은 안 했어요. 결근도 안 하고. 근데 둘째가 이 일 겪고 나서는 좀 늦어졌어요, 옛날보다. 그리고 일 터지고 나서 매일 샤워를 해요. 학교만 갔다 오면 어디 나갔다 오면 몇 번씩 샤워하고 가. 그게 버릇이 됐다고. 그전에 그러지 않았거든. 일 터지고 나서 뭔가 자기 몸에 뭐 붙어 있다든가 좀 꺼리는 게 많아, 싫어하는 거. 그게 좀 예민해진 거 같아 가지고.

면담자   은지 동생 △△는 지금 중3이죠?

은지 아빠   중3. 내년에 고등학교 올라가는데 몰라요, 저번에는 단원고 간다고 했는데, 또 맘이 틀려진 거 같애.

면담자   어머님이랑은 자주 얘기하세요?

은지 아빠   네. 엄마랑은 잘 얘기해요.

면담자   어머니도 공방이나 이런 데 나가세요?

은지 아빠   아니, 막내 데리고 병원에서 막내 재활을 해야 되기 때문에. 학교 갔다 오면 가는데 저기 동산교회 가든지 저기 와동에 그 온마음센터 가갖고. 그거를 해야 되거든요.

면담자　　　그러면 어머니는 다른 3반 어머니들하고도 교류는 어떻게 하세요?

은지 아빠　　　하는 거는 거의 당직 때.

면담자　　　아, 당직 때 어머니도 가셔요?

은지 아빠　　　응. 내가 가기 싫으면 애 엄마가 가고. 아니면 내가 가고. 아니면 둘이 갈 때도 있고, 지금은. 옛날 같으면 애들이 어리니까 그냥 한 사람은 있고, 아니면 한 사람 가고 그랬었는데. 지금은 둘이 가도, '이제 [동생들이] 좀 많이 좋아졌다' 그런 생각이 들어. 그전에는 둘째가 참 많이 불안해했어요. "한 사람은 남으면 안 돼? 한 사람만 가면 안 돼?", "어, 알았어" 그럼 엄마 있고, 아님 아빠 있고 그런 식으로. 막내는 이제 작은 방에는 은지가 보이니까 문을 열어놔. 항상 열어놓고 환기시킬라고 열어놓는다고. 사진도 있고. 밤에 되면 꼭 닫아. 꼭꼭 닫아, 무서우니까. 지금도 그래. 근데 이제 둘째하고 거의 계속 있는데, 둘째는 가면 막내가 졸졸졸 따라붙어. 근데 막내는 지금도 누나 방문을 꼭꼭 닫아. 내가 문 열고 자도 지가 알아서 문 닫고 잔다니까. 그럼 나는 이제 혹시 비 올까 봐 창문을 열어놓고 확 닫아.

면담자　　　○○이랑 은지랑 같이 방을 같이 썼나요?

은지 아빠　　　공부는 같이 했었어요. 같은 방에서 책상 따로 해갖고. 거의 우리 집안에는 거의 은지가 다 해줬어. 모르는 거 있으면

78

은지 아빠 한홍덕

은지가 다 가르쳐주고. 컴퓨터 이런 거, 컴퓨터에 관한 거 지가 아는 거면 아빠한테 엄마한테 다 가르쳐주고 그랬다고. 그리고 ○○이가 은지가 없으니까 그 자리를 메꾸느라 되게 힘든 거야. 은지가 그걸 거의 다 해줬거든. 뭐 ○○이는 아무 것도 할 거 없거든요. 그냥 편하게 지내기만 하고 아빠, 엄마가 모르는 거 있으면 은지가 다 가르쳐주고 그랬으니까, 은지가 갑자기 그렇게 사라져버리니까 그냥 막막해지는 거예요. 아는 게 없잖아, 거의. 뭐 하다 보면 "야, 은지야, 이것 좀 해라", "예, 아빠. 해줄게요" 하고 했었는데 없으니까 내가 할라니까 막막해진 거예요. 그랬다가 "○○아 너 이거 할 줄 아냐?", "몰라. 언니가 했던 건데 몰라" 그러죠. 그러니까 은지 자리가 되게 컸었어요. 엄마도 이제 엄마도 이제 모르는 거 있으면 언니, 은지가 많이 가르쳐주고 해주는데 은지가 갑자기 없어져 버리니까 그 자리를 메꿀라니까 되게 시간이 많이 걸린다고.

면담자　　　아버님, 직장생활 계속하셨잖아요. 직장생활을 계속해야겠다는 생각은 안 드셨나요?

은지 아빠　　지금은 없어요.

면담자　　　장례식 끝나고 바로 복귀를 하셨어요?

은지 아빠　　아니, 이틀 있다가 집안을 정리하고 [직장에 복귀]했죠. 일단은 다닐 건 다녀야 되니까. 원래 회사 다니면 차츰 잊어진다고 해요. 그러니까 다니면 저거 하고. 애 보내고 나서 9개월 가까이 다녔거든요. 회사에서 일은 처음에는 괜찮았어요. 한 6개월 동안은 괜찮았었는데. 그거 딱 지나니까 이게 힘든 거야. 막, 막 짜증이 나는 거야. 매번 이게 반복하던 일이긴 했는데 막 짜증이 나고, 하기 막 싫은 거야. 그리고 몸이 막 지쳐가는 거야. 밥맛도 안나고. 그러다 보니까 이제 구정 얼마 안 남았었거든요, 그때가. 어휴, 답답해 안 되겠더라고. 손 내려놓고 싶더라고.

그러니까 올해 2015년이구나. 올해 1월 달에 그만뒀으니까. [일]하다 보니까 이런 생각, 저런 생각 다 나는 거예요. 그래 갖고 도저히 안 돼갖고 아까처럼 얘기했죠. "나도 힘들지마는 내가 빠지면 그만큼 그 자리를 메꿔서 일하게 되면 되게 힘들 것 같다". 조원들도 그 사람들은 돈 받고 일하는 사람인데, 나랑 똑같이 별 차이가 없는데 [내가] 단지 상황이 이렇게 됐는 거잖아요. '어차피 똑같은 [일하는] 사람인데 차라리 좋게 생각해 갖고, 나 하나 빠지면 다른 사람 대체를 해갖고 새로운 사람 들어와 갖고 일을 하면 편하겠다' 해갖고 사직서를 쓴 거죠.

그리고 나는 이제 그 전에 애 엄마하고 합의를 본 거죠. 애 엄마한테 "나 진짜 은지 생각나고 너무 힘들다. 내가 그 우리 회사 좋은 거 아는데 진짜 힘들어서 못 하겠다". 그랬더니 은지 엄마가 "그러면 아빠가 알아서 해요" 1월 달에 그만둔[둘] 거라고 합의 보고. 우린 얘기를 하고, 하고 뭐 해도, 뭘 이거 해도 이걸 [아내에게] 얘길 하고 해요, 뭐 한다고. 오늘도 상담한다고 미리 얘길 해요. 그러면 갔다 오시라고.

근데 나는 지금 거의 집에 거의 처박혀서 한번 들어가면 나오기가 싫어요. 그런데 3반 부모들이 "술 먹자"고 하면 그때나 나오지. 웬만하면 그전 같으면 자주 활동하고 그랬었는데, 나오기가 싫어요, 한번 들어가면. 나오면 이상한 거만 생각하고. 그리고 요즘은 또 뭐냐면 이렇게 나오잖아요? 주위에 사람들 많잖아요? 그러면 싫어. 좀 뭐 거부감이 많이 들어.

면담자   처음 회사에 복귀했을 때는 전에 하셨던 것처럼 또 그냥 열심히 일을 하셨어요?

은지 아빠   네. 원래 일은 하던 일이라서. 그게 이렇게 자동화 시설이기 때문에 [익숙하게] 해요. 내내 했던 일이라. 나 일할 때는 확실히 해줘요. 처음에 할 때는 열심히 해주다 보니까, 하다 보니까 나중에 되니까, 한 6개월, 7개월 되니까 일이 힘들다고. 심적으로 막 힘들고 하긴 했는데.

면담자   사람들이 많은 게 불편하신 게, 은지는 지금 여기 없는데 사람들이 너무 행복해 보여서 그런 면이 있는 걸까요?

은지 아빠   아, 그런 거는 아닌데. 그전에부터 제가 좀 혼자 생각을 많이 했어요. 또 회사 다녀도 사람들하고 어울리긴 어울리는데 거의 이제 뭐 휴가 때도 보면은 혼자 이제 자전거 타고. 혼자 여행 다니고 그랬었다고. 혼자 생각을 하는 거를 많이 했었어요. 그러다 보니 그렇게 돼갖고 그냥 회사 그만두고. '일단은 그 도보 행진을 하고 있으니까 그걸 한번 해보자. 그걸 하고 전국적으로 가다 보면 이런 사람 만나고 저런 사람 만나고 또 좋은 사람 있을 거 아니야. 그런 것도 보고 한번 마음의 정리를 좀 해보자'. 그런 식으로 했었다고.

그거 끝나고 나니까 이제 또 멍… 해지고, 전 집에서 처박혀 있는 거고. 아, 뉴스는 요새 TV를 잘 안 봐요. 하도 그냥 거짓말만 하고 그 말이 그 말이고. 그 전에는 뉴스 볼 때는 그런 생각 안 했었는데 이걸 당하고 나니, 이제 이걸 겪어보니까 순 거짓말이잖아. 언론사 얘기는 말로만 잘하거든. 나도 말로 하면 잘해요. 아, 말로는 잘하지. 직접 가서 해봐야 될 거 아냐, 아니면 직접 구해주든가.

면담자   오늘 2014년 상황에 대한 이야기들을 많이 들을 수 있었습니다. 1차 구술은 이것으로 마치겠습니다. 감사합니다.

은지 아빠   네. 수고하셨어요.

2회차

2015년 10월 13일

1
시작 인사말

면담자 　　본 구술증언은 4·16 사건에 대한 참여자들의 경험과 기억을 기록으로 남김으로써 이후 진상 규명 및 역사 기술에 기여하고자 합니다. 지금부터 한홍덕 씨의 증언을 시작하겠습니다. 오늘은 2015년 10월 13일이며, 장소는 안산시 단원구 양지자활센터입니다. 면담자는 장미현이며, 촬영자는 명소희입니다.

2
은지 할아버지와 친척들 이야기

면담자 　　아버님, 반갑습니다.

은지 아빠 　　네. 반갑습니다.

면담자 　　지난 시간에 우리가 은지 이야기도 많이 하고. 은지 형제자매들, △△랑 ○○이 이야기도 하고 무엇보다 동거차도 이야기를 해주셔서 내용이 많이 진행이 됐습니다. 지난번에는 2014년 4월 16일에서부터 은지가 돌아올 때까지 얘기들이 많이 됐기 때문에, 오늘은 그 이후의 아버님의 삶이라든가 아니면 가족협의회 내에서의 활동이라든가 직장생활이나 이런 것들을 제가 좀 여쭤보려고 해요. 그래서 처음 여쭤보고 싶은 게, 지난번에 인터뷰했을 때 은지 할아버지께서 작년에 돌아가셨다고 하셨잖아요?

은지 아빠   네. 지병으로요.

면담자   은지 이후에 또 장례식을 치르셨던 거네요? 지난번에 아버님이 은지 할아버지랑 사이가 좀 안 좋아서 10년 정도 왕래가 드물었다고 하셨잖아요?

은지 아빠   네.

면담자   은지 일을 겪게 되고 아버님도 돌아가시고 해서, 조금 더 아버님이 은지 할아버지에 대한 생각이나 이런 게 혹시 좀 바뀌셨나요?

은지 아빠   없어요, 그런 건. 그러니까 내 자식 죽고 나니까. [그후] 아버지가 돌아가니까 별 의미가 없는 거 같아요. 그런데 식을 치르자마자 아버님이 돌아가셨는데, 자식 때는 울고 그랬는데 눈물이 안 나오는 거예요. 저는 원래 아버지를 안 좋아해서 눈물이 안 났나? 어머니 돌아가셨을 때는 많이 울었었는데 아버지 돌아가셨을 때는 그렇게 많이 [안 울었어요]. 그러니까 썩 아버지하고 그렇게 사이가 별로 안 좋았어. 아버지가 하는 그… 생활을 그거를 너무 사업을 많이 하신다든가, 일을 너무 많이 벌이다 보니까. 그전의 그 은지의 고조할아버지가 땅이고 산이고 엄청 샀났다고요. [그런데 그걸] 뭐 사업하신다고 다 날려버리시고.

면담자   은지 할아버지가요?

은지 아빠	그러니까.

면담자	원래 많던 재산을 은지 할아버지가 간수하지 못하셨네요.

은지 아빠   많이 고생해서 가지고 사놨었는데 그것을 사업하신다고 산이고 뭐고 날렸어, 망한 거지 뭐. 그래도 집이라도 건질 줄 알고 그랬더니 그게 아니니까 너무한 것 아니냐. 당신께서 그래도 다른 건 못해도 집이라도 건졌으면 좋았었는데. 그 동네 자체가 거의 한 씨 집안이에요. 친척들이 엄청 많아요. 큰아버지 뭐, 삼촌의 뭐. 거기 뭐 제 할아버지댁의 그 자식들하고 고모들하고 고모할머니 뭐 해갖고. 그리고 또 제가 고모가 다섯이에요, 고모가 많아요. 또 거기 삼례에 고모들이 한 세 명 있고. 지금은 다 돌아가셨는데 그리고 또 연산에 고모가 두 명 계셨고요.

면담자   삼례에 한씨 문중이 모여 사는 집성촌 같은 것이 있었군요. 은지 할아버지는 서울에 사셨다고 하셨잖아요?

은지 아빠   네, 그전에 서울에 사업을 하셨어요. 제 위에 형들이 셋이 있고 누나 한 명, 동생 한 명 있어요. 근데 이제 둘째 형이 군에서 제대 얼마 안 남겨놓고 한 6개월 정도 남았는데 뇌진탕으로 돌아가셨대요. 의심이 되죠. 근데 그때 제대로 못 밝히고 지금은 대전 국립묘지에 있거든요. 누나는 저기 매형이 옛날에 회사 좋은 데 다녔고 지금은 미국 가 있었거든요, 조카들하고. 조카들도 가끔 방학 때 되면 내려와, 대학생이거든요. 거기서 미국에서 시간 나면 내려와요. 은지가 고등학교 1학년 땐가 한번 왔었어요. 미국에 그 남자애 조카가 왔는데, 걔가 은지한테 야구장 가자고. 그때 태풍이 엄청 왔었거든요. 그래 갖고 "야, 내일 태풍 와서 야구 취소될 것 같은데?" 하고 취소 돼갖고 못 갔어요. 그날 데려갔었으면 좋았을 건데, 그나마 좋았을 건데. 그런데 그것도 아쉽다고 그런 얘길 하 대요. 그리고 시골에도 내려갔죠. 그 집 근처에 냇가가 있거든요. 막 다슬기 잡고 가재 잡고 그런다고. 그러면 은지도 내려가면 "아 빠 어디 가?", "어 냇가" 그러면 따라오고 그랬었다고요, 어렸을 때.

면담자　　　은지 할아버지 사업이 힘들어지면서 고향집도 처분 을 하셨던 거네요?

은지 아빠　　　그러니까 원래는 고향집은 그대로 있었어요. 그런데 아버지가 서울의 일 접어버리고 시골로 내려오신 거예요, 어머니 랑 같이. 그래서 내려와서 사셨는데 거서도 일을 벌여갖고. 그런 데 또 교회 장로님 일을 맡아갖고, 장로님이 돈을 너무 쓰잖아요. 그러니까 어떡해요. 돈은 나올 데도 없고, 한두 푼도 아니고 집까 지 다 넘어가고. 그러니까 집 넘어가기 전에 어머님 돌아가시고. 어머님은 폐암으로 돌아가셨는데, 담배도 안 폈었는데 우리 키울 때 고생 많이 했어요. 서울에 있는 매연 많이 나오는 데 돌아다니 고 뭐 애들은 많은데 아버지는 뭐 사업한다고 돈도 안 갖다주고 하 니까….

면담자　　　어머님도 일을 하셨어요?

은지 아빠　　　네, 어머니 혼자 이리 뛰고 저리 뛰고 살면서 애들 다 학교 보냈지요, 막내까지. 〈비공개〉

면담자　　　은지 친척들이 많잖아요. 이번에 4·16 있고 나서 아버님 가족들, 형제자매들이랑 같이 슬픔도 나누고 좀 마음에 도움이 되셨어요? 아니면 더 힘드셨어요?

은지 아빠　　　어떻게 보면 좀 좋아진 것도 같고, 어떻게 보면 좀 나빠진 것도 같아요. 왜그러냐 하면 우리는 상속에 관한 그것을 포기를 했거든요. 왜냐하면 아버지가 빚이 또 있을지도 모르니까.

면담자　　　그러니까 한정상속을 해야 빚이 상속되지 않잖아요.

은지 아빠　　　큰형하고 누나가 한정상속을 하고 나랑 다른 사람들은 상속 포기를 했다고. 밑에 애들까지 포기를 하니까, 나중에 빚이 있어도 우리 애들한테 넘어오지 안 하게 하려고. 그것도 아버지 돌아가시고 한 달 후에 다 했어요. 좋은 점은 뭐냐면 예상외로, 이게 제 아버지가 돌아가셨잖아요. 장례식은 전주란 말예요. 전주 예수병원 거기서 장례식을 하는데 우리 3반 부모들이 오실 줄 몰랐거든요? 오신다고 하기는 했는데, 따로[개인적으로] 오실 줄 알았더니 버스를 대절을 해갖고… 가족협의회에서 사정을 많이 많이 해줬나 봐요. 원래는 안 해주는데 해줬나 봐요. 버스 대절해 갖고 3반 부모들하고 왔는데. 예은이 아빠는 집행위원장이면서 겸사겸사 3반 부모니까 왔어요. 그 늦은 시간에 와서 해주니까 참 고맙데요, 먼 데서 오셨는데. 좋은 일도 많아요, 그거 생각하면.

면담자　　친척분들에게 마음이 닫히시지는 않구요?

은지 아빠　　아, 그런 것은 없어요. 그냥 "힘내라"는 말하고. 그리고 거기 다 주위 분들이 교회 사람들이거든요. 그래서 친척분도 별로 없어요, 그전에 거기 살았을 때는 있었는데. 거기서 또 내가 아는 형님들은 많이 왔었어요. 봉고차로 일고여덟 명 와가지고 또 오셔갖고 "힘내라"고. 그런데 [동성촌에 가서 보니까] 은지가 어렸을 때 갔을 때는 다들 참 젊고 좋았었는데, 확실히 이게 시간이 가니까 '다들 나이가 많이 드셨다'는 생각은 많이 나죠. 원래 그 사람들이 전부 다 한 씨 동성촌에서 뭔 일이 터지면 모여서….

면담자　　그런데 이제 다들 나이가 드셨죠.

은지 아빠　　옛날에는 그걸 봤어요. 옛날에 이제 장례식을 하는데 그 운구 메고 가는 거 하잖아요. 그걸 원래 어렸을 때 많이 갔다고요. 이제 동네가 그러니까 동네에서 돌아가시면 전부 나와가지고 그걸[장례 돕는 일] 하시는 거야. 그게 참 보기 좋았었는데.

3
직장생활과 참사 후의 변화

면담자　　직장 그만두실 때는 혹시 친척분들에게 좀 상처가 되는 말을 들은 일은 없으셨어요?

은지 아빠   그런데 친척분들도 거의 그런 이야기를 안 해요. 세월호에 대해서는 내가 겪은 걸 아니까.

면담자   앞에서는 말씀을 안 하시는군요?

은지 아빠   말을 해도 "이거 빨리 끝내라" 그런 말은 안 해요. "어떠냐, 아직도 하고 있냐?", "아직도 진행하고 있습니다", "뭐 힘들더라도 열심히 해라" 그래요. 좀 좋아요, 은근히 그런 게. 다른 사람 같으면 얘기 들어보면 가면 막 "아직도 안 끝났냐, 보상 안 받느냐" 그런 얘기 하는데. 저는 그게 없어요.

면담자   사실 은지 장례식 마치고 바로 복직하셨고, 2015년 1월 달에 직장을 그만두셨잖아요. 지난번에 인터뷰해 주실 때는 동료들한테 미안해서 '그만둬야겠다'고 생각을 하셨다고 했는데, 혹시 동료들한테서 서운했던 건 없으셨는지요?

은지 아빠   동료들 중에서도 그런 말하는 사람은 있어요. 없는 것은 이상하고, 있어요 있어. 가끔 나이 드신 분들 있긴 있는데, 얘길 해보면 [제가] "그게 아니라 입장을 바꿔서 한번 생각해 보시라"고 그러면, "아는데, 원래 정석이 뭐 다른 거 천안함[침몰 사건]이나 대구지하철[화재참사]이나 5·18[광주민주화운동] 할 때도 배·보상받고 끝낸다" 그런 식으로 "너도 어차피 받을 거 [배·보상받고 끝내라" 그런 식으로 얘기하는 거예요.

"아, 그거 아니다. 우리 애도 어떻게든 그걸[진상을] 알아야 될 거 아니냐, 알고 접어야 할 거 아니냐. 그러지 못한다. 그리고 충분히 살릴 수 있었는데, 살릴 시간에 아무도 손을 놓고 있었다. 그럼 그걸 어떻게 하냐"고. 상황이 진짜 못 살 상황이었으면, 상황이 정말 어쩔 수 없는 상황이면 어쩔 수 없는데, 그런데 이것은 정말 시간이 있고 [구할 수 있었잖아요].

그리고 동거차도 [감시단 활동하러] 들어가기 전에는 동거차도가 어디에 있었는지 몰랐어요. 배만 쓱 보러 가니까, [침몰 지점이] 어디쯤 있나 보러 가니까 그걸 못 봤는데. 요번에 동거차도 딱 갔는데 배가 침몰한 지점이 되게 허망하고 되게 [섬에서] 가까운 거야. 그리고 거기에 그 동거차도도 근처에 섬들이 많았어요. 한쪽에는 거기는 사람이 안 살고 동거차도 서거차도 있고 조도면 있었고. 거기가 배가 엄청 오는[지나다니는] 거예요. 거기 가보니까 배도 많드만요.

가까운 덴데, 왜 그 동네 배들이 다 들어갔었는데[구조하러 나섰는데] 왜 못 들어가게 막았냐 이거지, 충분한 시간이 있었는데. 그러니까 동거차도 갔을 때 그걸 봤다니까. '어, 되게 가깝네. 야, 애들이 헤엄쳐도 나올 수 있겠네?' 그 생각을 했었다니까요. 그러니까 뭐라도 한 가지 해경에서 방송을 하든지, 헬기로 방송을 하든지, 이준석이 방송을 하든지 그중에 하나는 했을 거 아니에요? 해야 했죠. 했었으면 [승객들이] 뛰어내리더라도, 그 뱃사람들이 힘이 되게 좋아요. 그 사람들이 그물 올리는데 그게 보통 힘든 게 아닌데, 애 하나 못 들겠어요, 그거? 뛰어내리면 한 명이라도 구했으면 구했는데 그걸 왜 막았냐고. 뭔가 있다는 거 아냐, 일부러.

가끔 페이스북 보면 해경에 대해 나쁜 말을 하고 그런 것도 많드만. "[배 안에] 애들이 있는데 왜 안 구했냐". 뭐 욕을 했지, [해경] 애들한테. 그런 거 보니까 황당한 거예요. 저도 가끔 그거 그거를 캡처를 해요. 보다 보면 해경들 나온 사진 있어요. 캡처를 해갖고 확대시켜. 어떤 놈인가 [보려고]. 〈비공개〉 가서 [승객이] 있는지 없는지, 아니 어차피 배 안 자체를 사람이 있는지 없는지 안에 들어가 봐야 될 거 아니야. 들어가서 있는지 없는지 확인을 해봐야 할 거 아니야. 그걸 [사람이 안에 있는 것을] 창문으로 봤으면서 왜 무시한 거야. 뭔가 되게 문제가 있다는 거 아니야. 정부에서 지시를 해갖고 "봐도 못 본 체해라" 한 거지. 〈비공개〉

면담자　　　참사 이후에 휴대폰을 바꾸셨나요?

은지 아빠　　바꿨지요, 휴대폰이 맛이 가가지고. 기왕 원래 나는 휴대폰, 기왕 하는 거 오래하는 거 [사려고 했어요]. 보통 휴대폰 쓰면 거의 망가질 때까지 쓰거든요, 몇 년이 되든지. '기왕 쓰는 거 좋은 걸로 사갖고 쓰자' [싶어서] 그때 좋은 걸로 아예 바꿔버렸다고요. 그리고 우리 애들도 가갖고 기능이 좋잖아요, 그러면 같이 바꿔요, 둘째하고 같이.

면담자　　　아버님 거 바꿀 때 같이 바꾸셨어요?

은지 아빠　　아니 난 그때 아니고, 애들만. 우린 이제 투지(2G)로 바꿀 때. 은지 같으면 중학교 1학년 때인가 내가 새로 바꿔줬어, 망가졌다고 해갖고. 웬만하면 처음에 바꿔줄 때 좋은 걸로 바꿔줘요.

애들 좋은 거 바꿔주면 그건 또 싫대. 자기 맘에 드는 게 있을 거 아니야. "그래, 해" 은지도 가기 전에 그걸 휴대폰을 바꿔줬어야 했는데, 액정이 깨졌거든요. 액정이 깨졌는데, 그래도 잘 오니까 가지고 다닌대. "알았어. 수학여행 갔다 오면 해줄게" 하고 했는데 그 복원을 할라 했더니 복원도 안 되고. 그걸 해지를 시키지 말았어야 됐는데.

면담자   해지를 하셨어요?

은지 아빠   네. 해지를 했어요. 그래서 다른 사람이 그 똑같은 번호를 쓰고 있어요. 이거 우리 딸내미 건데 해지해 갖고… 저한테 주면 안 될까, 번호만? 어차피 페이스북에 아직도 떠 있거든요. 그 휴대폰 해도 카톡 들어가면 카톡에 사진도 저장했을 텐데, 그 생각을 못 하고 해지시킨 거야. 놔뒀으면, 기본요금만 나가게 하고 했었으면 그나마 휴대폰에 있는 사진은 못 뺐어도 카톡에 있는 사진은 뺄 수 있었는데. 그때는 뭐 카톡 사진을 못 뺀대, 본인 아니면. 근데 지금은 된다고(한숨). 그게 후회가 되네요, 그나마 뺄 수 있었을 거 같은데. 그러니까 자기 혼자 셀카 찍은 사진이 되게 많아요. 혼자서 밤낮 와갖고 아빠 보여준다고. 그런데 카톡에 들어가 갖고 해볼랬더니, 안 돼. 아이디가 없으니까. 그 휴대폰이 있어야 하는데 휴대폰이 없으니까. 나중에 시간 되면 이 번호 쓰시는 분한테 양해를 구해야지.

면담자   직장은 어디, 반월에 있으세요?

은지 아빠	반월에 있어요.
면담자	혹시 그 업체 이름 좀 여쭤봐도 될까요?

은지 아빠   현대위아. 인제 자동차 바퀴 부분만 조립해요. 그리고 인제 그게 바로 기아자동차로 가는 거예요. 그런데 현대위아 안에 협력업체가 세 개가 있어요. 저도 그 협력업체에서 일을 했었거든요. 근데 기아 쪽에도 협력업체가 있어요. 거기도 똑같이 저기 그전에 우리가 광천이라고 했다가 상호가 태광실업이라고 바뀌었거든요.

면담자   그러면 지금은 태광실업이라는 이름으로 있는 거죠? (은지 아빠 : 네) 아버님 사직하실 때도 태광실업에서 사직하셨던 거고. 업체의 이름이 바뀌어도 고용은 계속 보장이 됐던 거네요.

은지 아빠   네. 고용 계속 보장되었어요. 사람은 자를 수 없어요. 어차피 그 일을 계속하고 있기 때문에 잘라도 그 일을 다른 사람이 못해요. 그 라인을 아는 사람이 해야 하니까. 그리고 물량이 많이 늘어나기 때문에 그 물량을 맞출라면 다른 사람이 못해요, 하던 사람이 해야지 물량을 맞출 수 있기 때문에. 그러니까 상호 바뀌고 사장만 바뀐 거야. 다른 사람은 안 바뀌고 그대로예요.

면담자   사장은 왜 바뀌어요?

은지 아빠   협력업체라는 게 그게 있잖아요. 현대에서 분산을 시킨다고 돈을 주는데, 사장도 원래 월급쟁이예요. 그니까 주고 마진이 많이 남아야 될 거 아니야. 그럼 많이 가지간다고, 돈을. 계속 그러다 보면 거기도 그런 법이 있나 봐요. 10년인가 딱 상호가 바뀌든지, 그렇게 해야 한대. 노조가 없거든요. 노조 없앨라고 협력업체를 만들어놨어요, 일부러. 협력업체라도 세 개 회사가 합쳐버리면 인원이 많잖아요. 노조가 생겨버려. 민주노총이 생기든지 아무 노총이 생기든지.

나중에 이제 뭐 으쌰으쌰 하면 일이 안 되거든. 그러면 그렇게 되다 보면 기아 쪽에서 지장이 되는 거야, 다 물어내야 된다고. 바로 물건 들어가고 조립이 돼야 하는데, 기아자동차 못 만들면 난리 나는 건데, 그럼 다 물어내야 한다고. 그러니까 [하청 업체를] 이제 쪼개는 거야, 세 개를. 300명이면 300명을 다 쪼개는 거야, 100명씩 해갖고. 그러니까 이제 거기 가면 사장이 세 명이에요. 사장이 세 명이어 갖고 일을 그렇게 시켜요. 물량이 늘어나면 물량 늘어나는 만큼 또 하고. 그전에는 10시간씩, 10시간씩 일을 했는데, 지금은 8시간, 9시간 돌려요. 근데 10시간 [근무 때의] 물량보다 더 빼게 되는데 임금은 적잖아요. 그때 임금으로 하게 되면 월급이 굉장히 적어요. 임금 부동[동결]을 시켰다고. 10시간 물량보다 더 물건을 더 빼고 시간은 짧아졌어.

면담자　　　그러면 임금은 줄지요?

은지 아빠　　　임금을 올려줬다고요. 그러니까 임금을 팍 올릴라면 좀 그렇자나요. [그래서] 수당을 붙인 거야. 근무연장수당, 점심수당, 수당을 많이 붙인 거야. 그래서 임금이 그때 10시간 돌릴 때보다 임금이 많이 오른 거야.

면담자　　　8시간 근무하는데 물량은 맞춰주면서 임금을 좀 올리는 식으로 바꾼 거네요.

은지 아빠　　그러니까 기아 쪽 요구대로 그렇게 한 거죠. 저번에 파업할 때도 그런 식으로, "그때는 10시간 일을 했는데 8시간 근무를 하니까 임금을 그대로 받게 되면 적다. 그래서 올려줘라" 거기에 맞춰서 동시에 우리도 똑같이 올리는 걸로.

면담자　　　거기서 그렇게 결정이 되면, 협력업체도 맞춰서 바뀌는 거네요.

은지 아빠　　네. 맞춰서.

면담자　　　광화문 집회 같은 데 가면 민주노총 분들도 많이 오시잖아요? 근데 아버님은 회사에 노조가 없어서 별로 관심이 없었을 텐데, 요즘에는 많이 접하시잖아요.

은지 아빠　　그전에는 회사 다닐 때 노조가 있었어요, 초기에.

면담자　　　아, 초기엔 있었어요?

은지 아빠　　네. 초기엔 민주노총에 있다가 거기에선 얼마 안 되고 그만뒀고, 이 회사 다니기 전에 저기 대농이라고, 염색단지에 있는 거긴 한국노총이고. [저는] 직책은 없었는데 그냥 노조원으로. 근데 한국노총은 뭐 그런 거 없었어요, 민주노총이 좀 심해서 그렇지.

면담자   대농 다니실 때는 자동차가 아니라 염색 일을 하셨
네요?

은지 아빠   염색을 하는데, [저는] 염색은 안 하고 거기에 지게차
나 관리직으로 갔었어요.

면담자   지게차 운전하시는 일이요?

은지 아빠   수출하는 데 컨테이너 싣고. 거기도 거의 좀 오래 오
래 한 10년 다녔어요.

<u>4</u>
사회에 대한 생각

면담자   아버님, 전에는 노조에 대해서 생각이 어떠셨어요?

은지 아빠   뉴스 나오면, '저 사람들 그렇게 돈을 많이 받는데 거
기서 또 더 받겠냐'고. 아니 뭐 복지 위해서 다른 거 아니고 어려운
사람들 도와주고 복지 시세도 보강한다면, 그거 같으면 이해가 가
지만 이건 뭐 대기업은 웬만한 사장보다 더 많이 받는데. 연봉이
몇억씩 되는 사람들이 더 받겠다는 것은 잘 이해가 안 돼. 뭐 거기
[요구]하는 게 뭐 있긴 있겠지만은 제가 보기에는 막 '그거는 아니
다' 싶었어요, 임금 자꾸 교섭하고 임금 맞춰가는 게. 내가 뭐 직장
이 중소기업이나 그런데 다니다 보니까.

면담자   그런 대기업 노조에서 하는 건 너무 귀족노조 같고.

은지 아빠   그러니까. '이 사람들 너무 배불러 하는 소린가? 니네들 한번 중소기업에서 한번 일을 해봐라, 어떤가. 이거 이렇게 받고 이걸로 충분하고, 생활을 하고 있는데 그 돈이 적다고 해갖고 임금 더 달라고 하는 건 말이 안 되지 않느냐'.

면담자   지금은 생각이 바뀌셨어요? 아니면 지금도 비슷하게 생각하시나요?

은지 아빠   네. 그거는 아직도 비슷해요. 그거는 좀 너무하다고 생각을 해요. 그보다 더, 나보다 더 못 받는 사람이 있는데, '나보다 더 못 받는 사람도 있구나' 그 생각을 해야지 그것을 갖고 더 달라고 하는 것은 좀…. 진짜 일이 힘들어 갖고, 내가 일한 만큼의 돈을 못 받는다면 그럼 내가 이해를 해요. 근데 그 돈을 그렇게 받고 나서 일을 제대로 안 하면서 돈을 달라는 건 문제가 있는 거예요.

면담자   노조에 계신 분들은 일을 잘 못한다고 생각하세요?

은지 아빠   아니, 거의 뭐, 거의 못 한다는 게 아니라 일부가 못하겠지요, 하는 사람도 있으니까. 그중에도 하는 사람이 있을 거 아니에요. 그렇잖아요, 한 100명 있는데 그중에 나쁜 사람들이 막 뭐라고 해. [그래도] 그 와중에도 좋은 사람이 있단 말야. 몇 명이, 한 열댓 명이 있단 말야. 그다음에 90명이 다 나쁜 사람이래도, 그래도 10명은 좋은 사람이 있단 말이야. 그렇게 생각하는 거예요.

면담자   정치는 어떠세요? 정치 문제나 이런 거에 대해서 그렇게 크게 관심을 갖지 않으셨다고 했는데, 4·16 이후에는 어떠세요?

은지 아빠   이전에는 관심 많이 했어요[가졌어요]. 4·16 당하고, 팽목에 있다 보니까 정치인들 많이 오잖아요. 와갖고 막 "잘 해주겠습니다. 뭐 만들어주겠습니다. 뭐 어떻게 해주겠습니다. 추모관 건립도 해줄 수 있습니다" 말은 진짜 잘했다고요. 그 말 듣고 그때 상황에선 믿었지.

나중에 와선, 국회에서 "우리 애들 특별법 좀 만들어달라" 했는데 안 했잖아요. 괜히 시간만 끌고 이리 돌리고 저리 돌리고. 뭐가 이 새끼들은 우리한테는 와서 뭐 사탕발림처럼 달게 해줬다가 이제 애들 찾고 끝날 때 되니까, 뭐 보상 문제 나온다고 하고 특별법 좀 만들어 달래니까 언제 그랬냐고 입을 싹 닦아버리고. 아, 그전에도 조금 그런 거 있었어요. 그전에도 정치를 나는 잘 안 믿었는데, 그렇게 [직접] 보니까 '이건 아니다. 이 새끼들 순 거짓말하는구나' 그때부터 뉴스를 안 보는 거야. 얘기하면 뭐 해. 얘기하면 다 거짓말인데. '쟤네들 또 거짓말하네?' 자꾸 얘기해 갖고 전부 다 된다고 그러면 '이 새끼들 선거할라고 그거 했구만. 선거할라고 그러는구나? 또 거짓말하네?' 몇 년은 잘해요, 말로는 돼. 그게 그전에도 그런 상황이 있었으니까. 자기가 한 말은 약속을 지켜야 할 거 아니야. 아무리 소수의 국민들에게라도.

그 방송사도 거기 많이 있었는데도 그렇게 거짓말을 하고. 그리고 난 [간담회에] 애들이 이렇게 오잖아요, 학생들 오잖아요. 그러면 학생들 말 듣지, 어른들 말 안 믿어요. 그러니까 학생은 많이 오라고 해요, 어른들 안 오고. '학생들만 왔네? 어른들 안 오고? [어른들은] 안 와도 돼. 오지 마. 당신들 필요 없어'.

우리 나이대 사람들은 쟤[정치인들을] 못 믿으니까 투표를 안 한단 말이야, 포기를 하고 놀러 가버린단 말이야. 그런데 우리보다 어른들은 거의 무조건 투표를 해요. 그리고 무조건 이 당이지, 다른 당을 안 하는 거야. 우선 정치인들이 무슨 당이 나왔든지 간에 그 사람이 하는 공약이 있을 거 아니야. 그걸 보고 그다음 얘기를 들어보고 [투표]해야 되는데 무조건 그 당이야. 새누리당은 새누리당, 민주당은 민주당, 그것만 뽑는 거야. 그러니까 정치가 어떻게 돼요? 그 사람들 따라 몰아가는 거야. 다른 당에서 아무리 떠들어도 소용없이 무조건 그 당이야, 그 당만 뽑아줘. 그러니까 이제 우리 나이 시대가 와야지 제대로 좀 바뀔 거 같아.

| 면담자 | 그러면은 새누리당이나 민주당이나 다 불신하세요? |

| 은지 아빠 | 불신하지요. 너무 거짓말을 하니까. |

| 면담자 | 특별히 지지하는 정당이 있으세요? |

| 은지 아빠 | 특별히 [없어요]. 선거 때만 그러잖아요. 재작년이에요? 14년 그때도 거짓말했잖아요. 7월인가에 재보궐 선거 있었는데, 그때도 와가지고 막 이렇게 저렇게 구슬르고 했어요. 그 특별법 빨리빨리 만들어준다고 했는데, 만들어주긴 뭘 해요? 그렇게 [국회]

가서 며칠 밤 새고 그랬었는데도 "해준다"는 말만 했지, 진짜로 한 게 없었죠. 지금도 특별법 만들었으면 빨리 진행을 해야지, 진행도 안 하고 어떻게 하면 막 벗어날라고, 빨리 끝낼라고, 국민들에게 불신을 줄라고 여러모로 방해 작전을 많이 하잖아요. 그러니까 부모들한테도 여기 배·보상받으라고 막 그랬는데 해코지하고, 안 받냐 받냐, 안 주냐 주냐 해갖고 [가족들을 분열시켜서] 한번 몰아서 싹 사람들이 [배·보상] 신청했잖아요. 난 그거 신경 안 쓰는 거예요.

5
배·보상에 대한 생각

면담자　　　처음부터 그렇게 생각하셨어요?

은지 아빠　　배·보상은 받으면 받아요. 받긴 받는데 조건이 뭐냐, 그 조건만 없었으면 내가 받았어요. 국가에 대한 그 손해배상을 다시 청구를 안 하는 조건으로 배·보상을 받는 거예요. 아니, 국가가 잘못했는데, 엄연히 국가가 잘못했는데. 대통령까지 얘기를 했잖아. "남는 사람 한 사람도 없게 다 구할 수 있게 구조해라". 지시를 했으면 구조를 했어야 할 거 아니야, 어떻게든지. 거기서 한 열댓 명 죽었으면 이해하지만은 한 300명 가까이 더 죽었는데. 말한 거하고 틀리다 이거지.

면담자　　　일부 유가족분들은 배·보상 신청을 안 하고 계시지만 다른 분들은 많이 받으셨잖아요? 모이시면 그런 거 때문에 조금 의견이 나뉘기도 하나요?

은지 아빠 　　　지금 그 회의하면 보상받은 사람들이 안 와. 안 오는 걸 떠나서, 가족협의회잖아요. 어차피 딸내미한테 보상금을 받은 이유는 뭔가 사정이 있으니까 받았을 거 아니야. 집이 뭐 갑자기 어렵다든가 그때 상황에서 사업을 접었는데 생활하기가 어렵다 하고 보상받았다는 것은 인정해요. [그렇지만] 일단은 과정이 있잖아. 뭔가 회의를 해갖고 애들을, 어떻게 진상 규명을 했어야 될 거 아니에요. 안 하잖아요? 왜 손 놓고 있냐 그거지. 원래는 처음의 목적이 애들 죽음[의 진상을] 밝히는 게 일[목적]인데, 진상 규명이 뭐예요. '우리 애들 살릴 수 있었는데 그걸 왜 죽였냐', 그거를 밝히려고 하는 건데. 처음에는 그런 얘기를 많이 했었어요. 나는 초기에 그런 활동은 많이 안 했어요. 직장생활 하다 보니까 회의도 [참석]하긴 하는데, 회의 가면 그래요. 처음에 내가 처음으로 회의 들어갈 때….

면담자 　　　처음에 언제 가셨어요?

은지 아빠 　　　처음에 와스타디움에 그 해갖고 그 후로 이제 [경기도]미술관에 있었는데. 그때는 이제 가족회의 한다고 해가지고 와스타디움에서 가족회의를 했었다고요, 작년 5월 달쯤. 그때도 더웠으니까 여름 정도였는데. 그때 상황이었을 때는 내가 봤을 때는, 그때 내가 참석을 했는데 뒤에서 참석을 했어요. 그때 [국민]성금 문제도 말이 나왔어요. 지자체로 이제 성금이 들어오나 봐요. 그

성금을 가지고 거기 있는 대부분 사람들이 "성금을 가지고 장학금을 만들자", "단원고에 장학금 기금을 만들자" 막 그런 얘기를 해요. 난 그런 얘기 안 했어요. 나는 "나 그 돈 달라. 싸워야 되니까 그 돈 필요하다". 돈 있어야 싸울 거 아니여. "나 그 돈 달라. 니네가 장학금 내든지 말든지 맘대로 해라". 지네들이 얘기를 그랬어요. "장학금 그거 애들 위해서 만들자". 분명히 "애들 위해서 만들자" 했었어요. 지금 뭐예요, 아무도 없잖아. 그때는 "장학금을 만들고, 우리가 돈이 뭐가 필요 있냐, 애들 밝히면 되지. 돈이 뭐가 필요 있냐. 장학금 해주자" 말은 했었다고. 난 근데 그거 안 했다고. "돈 달라. 나 돈 받겠다" 이거야. 돈 받고 싸우겠다고. 근데 지금 거꾸로 됐잖아. 돈 받고 싸움 안 하잖아요. 왜 싸움을 안 해? 해야지. 끝까지 밝힐 건 밝혀야지. 언제까지 가든지.

면담자   미안해서 그러시는 거 아닐까요?

은지 아빠   내가 배·보상 [신청] 안 하고 저걸 했다고요, 소송을 냈다고요. 거의 3반 부모들은 거의 소송을 다 냈어요, 거의 한 80퍼센트 이상, 아니 90퍼센트죠. 거의 했으니까. 근데 내가 저기 소송 걸 때도 그 변호사 들어와서 이야기 들었을 때는 뭐냐면, 소송을 걸면서 배에 대해서 그 뭔가 잘못된 것을 밝힐 수 있다는 거야. 끄집어낼 수 있단 말이에요. 그래서 소송을 낸 거예요. 우선 그 배·보상을 안 받은 이유는 그 조건이 있어서 그런 거예요. 소송을 걸면 니네들 잘못한 거 뻔히 보이잖아. "왜 방송을 안 해갖고 애들을 죽였냐, 응, 분명히 [구조]할 수 있었는데", 그럼 거기에 대해서 해경 사람들이라든지 뭐 이준석 선장이라든지 다시 끄집어내 가지고 물어볼 수 있을 거 아니야. 그때 말하고 또 틀릴 수가 있어요. 밝혀낼 수 있단 말이야, 조금이라도.

그래서 소송을 걸려는 거야. 돈이 문제가 아니라… 돈이야 받을 수 있어요. 돈이야 받을 수 있다구. 이게 기간 끝나면 돈이 올라간다고. 응? 돈이 소송을 하면서도 지금 1억, 나중에 돈을 더 올려준단 말이에요, 돈을. 돈이야 받을 수 있어요. 근데 기간이 엄청 길단 말야. 그 기간 동안에 하나도 못 밝힐 수가 있어요. [그래도] 나오겠지요. 뭔가 우리가 몰랐던 거 끄집어낼 수 있으니까 소송을 거는 거지. 근데 그거를 사람들이… 참 나도 이해를 하는데, 나도 참석도 별로 안 하고도 하는데도 이해를 하는데, 왜 그거 다른 사람은 그걸 모를까? "돈 못 받는다" 그러는데, 아, 돈 못 받으면 어때? 돈이야 벌면 되는데. 벌 게 그렇게 없나? 땅 파고 가서 금궤나 캐든지. 땅 파갖고. 또 우리나라에도 모르죠, 기름이 나올지? 땅 파다 보니까? 이런 생각 저런 생각 할 수 있단 말이에요. 아니면 또 기술 좋으면 뭐 신제품 해갖고 발명품 만들어갖고 그걸 팔수도 있고. 여러 하니까 방법이 있으니까 할 수 있단 말이야. 돈이라는 거? 벌 수 있다고. 근데 그 대체로 주위에 배·보상받은 사람들의 얘기를 들어보면.

면담자   배·보상받은 분 가운데 만나는 분이 계세요?

은지 아빠   받은 사람도 있고, 주위에 들었는데 함부로 나한테 이제 다른 사람한테 얘기를 잘 안 해요. 저는 그 사람이 뭘 했다는 정보는 아는데 다른 사람한테 그 얘기를 또 안 한다고, 괜히 오해 살까 봐. 그리고 "누구는 있는데 누구는 못 받았냐" 그런 얘기가 아니라 내가 알고 있는 거를 얘기해 주는 거야. 그 배·보상 부분 이야기를 들어보니까 그 국가에서는 그 위로지원금이라고 해서 5000만 원이 딱 나오잖아요. (웃으며) 그거 못 받을까 봐 배·보상 신청하는 사람들도 있어요. 모르고 하는 사람도 있어, "누가 하니까 나도 해야 해" 하고 하는 사람도 있고.

면담자   아, 배·보상을 신청하는 부모님들 중에요?

은지 아빠   그분들 중에. 소송은 알고, [나도] 소송을 하니까. 소송한 사람들은 거의 다 [활동에] 참여를 많이 해요. 가족들이 참여를 하고, 변호사들이 오잖아요. 그럼 그 얘기를, 소송에 관한 얘기를 해요. 거의 한두 달 정도 계속 그 얘기를 해줬다고요. 이해시키게 밴드에다가 올려주고 나도 몇 번 그래서 이제 가족회의에 나오고 나니까, 그 얘기를 들으니까 그게 모르는 거보다 아는 게 나으니까. 일단 들어보고 '무슨 정보가 있구나' 들어보고. '그걸로 인해서 좀 바뀔 수 있으면 바뀔 수 있겠다' 하는 생각하에 사람들이 다 들었으니까 이제 소송을 한거죠. '그래, 기간이 좀 길더라도 해야겠다' 이거죠. 그런데 그 일부 사람들은 그 생각을 못 하고 그냥 '무조건 배·보상받는다' 그런 생각을 하고 있는 거죠.

면담자   "그러지 말고 같이 하자"고 설득도 하셨어요?

은지 아빠   그때 배·보상 회의 했을 때는, 배·보상받기 전에는 사람이 많았었다고. 얘기를 듣고 해야 되는데, 어디서 뭘 그렇게 잘못 들었는지 이해를 못 하는 사람이 많아. 참, 이상하게 나는 그냥 들어도 이해가 되는데 왜 다른 말을 들었는지, 아니면 국가에서 "너 돈 얼마 줄 테니 신청해라" 그런 걸로 들었는지.

면담자   개인적으로 만나는 분 중에도 배·보상 신청하신 분이 계세요?

은지 아빠   있죠.

면담자   그런 분들이랑 따로 얘기를 하실 때 "신청하지 말라"고 설득을 하지는 않으셨어요?

은지 아빠   그러진 않아요. 그거는 "설득[신청]하지 말라" 그거는 아니고. "배·보상은 받으면, 야, 저기 소송하는 거랑 별 차이 있냐. 단지 시간 마련하는 거, 우리는 지금 2년을 기다렸는데, 더 못 기다리겠냐, 아직도 거 특별법도 진행 중인데. 애 키우는 데 18년을 기다렸는데, 그걸 더 못 기다리냐"고. "10년을, 10년, 20년 그걸 더 못 기다리냐"고. "그렇다고 직장 안 다니는 거 아니고 직장 다니라고, 다니면서 이야기하라"고. 그럼 되는데, 그 돈을 안 받으면 안 줄까 봐. 벌벌벌벌[전전긍긍하면]. 그게 뭐야, 옛날하고 똑같잖아? 〈비공개〉

면담자   작년에 법원에 다니실 때는 재판 과정을 직접 보고 싶으셔서 가셨던 거예요?

은지 아빠   보고 싶었죠, 어떤 상황인가. 그리고 솔직히 말해서 그때는 좀 일이 하기 힘들었어요. 그나마 그때 법원에서 그렇게 하니까. 광주에서 하는 거를 안산에서 보여줬다고요.

면담자   아 예. 생중계 같은 걸 해서 봤군요.

은지 아빠   그러니까 이제 일도 힘드니까 핑계 삼아 갔어요. 그럼 보고 오죠. 그거 보다 보면 성질나는 거예요. '저 새끼 또 거짓말 하는구나' 성질나요. 또 부모들이 거의 엄마, 아빠들 있으니까 욕을 하는 거야. "이 씨발놈" 또 욕하는데 거짓말한다고, 저거랑 누구 짜고 하는 거냐고. 또 그 전에 목포에 한번 가갖고 CCTV를 한번 봤었거든요, CCTV 나왔을 때. 부모들하고 가족대책위 임원들하고 같이 갔었는데, 그거 보고는 그때 법원 들어가서 인터뷰하고. 봤는데 자세히는 안 봤죠, 그때는. 처음에 있을 때 법원에서 처음으로 공개할 때 갔었거든요. 그때는 이제 미수습자들, 애들 안 나온 미수습자들이 우선적으로 볼라고 [우리는] 뒤로 물러서 있고. [미수습자 가족들은] 그 CCTV 화면 보면서 지 딸내미가 뭐 애가 거기 거기쯤 있겠다 [짚는 거죠]. 그때는 이제 구조[수색] 중이었었거든요, 그때. 구조를 중단을 안 했었거든요, 그때는. 그래 갖고 애들이 어디쯤 있으면 그걸 [CCTV로] 파악해 갖고, [잠수사들에게] "여기 들어가라" 그렇게 할라고 일부러 그 사람들을 앞으로 보내주고 보시라고, 우리는 뒤에 봐도 되니까, 어차피. 그 뭐 애들을 우린 찾았지만은 그 사람들은 못 찾았으니까 한번 봐봐요. 자세히 보고 어디쯤 있으면 그 잠수부한테 얘기를 해갖고 애 시신이라도 찾아야 할 거 아네요. 그래서 우선 그렇게 했었어요, 그때. 그리고 이렇게 시간이 가니까 그 구조한 잠수사도 그렇고 좀 성의가 없어요. 우리 처음에 있을 때 애들 막 시신 건져 올리고 성의 있게 해줬었는데 나중에 이제 시간이 가니까 시간이 더 지나니까 좀 대충대충.

면담자   수색하는 잠수사들이요?

은지 아빠   어. 대충대충 나왔다가, 들어갔다가 그냥 나오고 끝나고 그런 식으로 대충대충. 꼼꼼하게 나 같으면 꼼꼼하게 막 이렇게 찾아도 보고 [할 텐데] 이렇게 안 하는 거 같애, 보니까. 하도 들어갔다 오니까 사람이 지쳐버리니까. 그러니까 지현이 늦게 나온 것 봐. 바로 옆에 있었는데 화장실 옆에 있었는데 꼼꼼하게 안 찾았단 얘기야, 결론은. 거기 이야기 들어보면 몇십 번을 왔다 갔다 했다는데 그걸 한 번도 못 발견했다는 것은 뭔가 문제가 있는 거지. 제대로 뒤져보지도 않고. 한번 들어가고 구석구석 손으로 만져보고 뭐가 있는지 해봐야 했을 거 아니야, 꼼꼼하게. 대충하니까 여기 봤으니까, 여기 저번에 봤는데 없는데? 그때 한 번 더 봤어도, 근데 그게 바다도 흐름이 있으니깐 그리로 올 수도 있단 말야. 한번 더 쓱 훑어봐도 됐는데. 그렇게 안 했다는 거죠. 거의 그렇게 하니깐 그게 보인단 말이야 지금.

그 잠수사도 그래. 얘길 들어보면, "다 자기 자식처럼 생각해서 했다", 이거야. 그럼 자기 자식을 못 찾았어, 그럼 어떻게 할 거야? 진짜 자기 자식같이 생각했었으면 끝까지 구석구석 찾을 때까지 끝까지 찾아야 할 거 아니야. 근데 안 하잖아요. 시간이 지나니까 대충대충 하고 시간이 지나니까 배·보상받게 하고 끝낼라고.

시간이 지나니까 이제 안 오고, 활동도 안 하고. 내가 이제 내가 활동 좀 하고 그러거든요. 근데 그전에 있을 때는 내가 활동 안 했어요. 하면서도 법원만 가끔 갔다 오고. 그냥 겸사겸사 일이 힘드니까 쉴라고 하는 핑계로 내가 갔었고 그랬는데, 그때는 막 부모들이 피켓 들 때라서 뭐 서명도 받고 막 많이 했다고.

면담자 이제 많이 줄었어요?

은지 아빠 확 줄었지요. 기존에 계속했던 사람들은 많이 하고 아직도 하죠. 자기 자식 [진상을] 밝혀내야 하니까, 진상 규명 밝혀내야 되니까. 그때도 그렇게 떠든 사람들이 안 해, 없어. 어디로 갔는지 없어졌어, 보이지도 않아.

6
도보 순례 참여 경험

면담자 도보 순례 출발하셨을 때요. 올해 1월 26일 날 출발 했었는데, 그때는 직장을 그만두시고 '가야 되겠다'고 마음먹어서 같이 동참하셨다고 하셨잖아요?

은지 아빠   원래 1월 말에 그만두기로 했었어요. 회사는 1월 말에 그만두고 2월 초에 내가 2월 1일이나 2일쯤 해갖고 같이 들어가갖고.

면담자   2월 초예요?

은지 아빠   네. 원래 그러기로 했고. 1월 말까지 다니기로 했었는데 갑자기 일하기 싫어지는 거예요. 한 일주일 정도 남았었는데 도저히 신경 쓰여서 못 하겠어요. "더는 못 하겠습니다" 하고 그때 사장한테 사표를 쓰고 나왔었어요. 그러고 나서 택시 타고 그냥 2월 1일 날, 원래 2일 날이나 3일 날쯤 합류를 할라다가 '그냥 하는 거 초부터 하자' 그래서 초부터 합류를 시작했다고요. 2월 1일[부터 걸었으니까 3주 중에서 3분의 2는 했죠, 3분의 1은 못 해도. 구정 쇠고 이제. 향로봉 갔다가, 분향소 갔다가 오고, 가갖고 이제 2월 1일 날 들어갔지요. 딱 들어가니까, 하다 보니까 이제 걸어야 되니까 걷다가 뭐 이렇게 하다 보니까 쟤네들 그 4·16TV 촬영하는 애가 다리를 쩔뚝쩔뚝해요. 다리 한쪽을 다쳐갖고, 그리고 걔가 좀 일이 있어 가지고 학생이니까 뭐 일이 있으니깐 이틀 쉬고 가야 된대. [그러니까 4·16TV] 할 사람이 없어요. 웅기 형님이 걔가 했었는데. 일이 있으니까 가야 되니까 그걸 할 사람이 없었어요. 원래 가족들이 해야 되는데 사진 찍는 걸 할 사람이 없어. "내가 한번 해볼게. 내가 할게". 처음이니까 저번에 그 카메라 그걸로 어떻게 해갖고 조정하는 것을 모르고 했었거든요. 그런데 하다 보니까 간단해요.

계속했었죠, 그걸로. 촬영을 하니까 처음에는 괜찮더라고요. 카메라로 촬영을 하고. 촬영이 좀 서툴러서 그렇지. 여러 사람 만나잖아요. 모르는 사람을 만날 수도 있고, 어차피 밤낮 활동할 때 보니까 얼굴도 익히고, 지금 동네에도 3반 부모님들 많거든요. 하루는 누가 "한번 만나보자" 해서 그때도 3반 부모가. 네 명, 나까지 다섯 명이 모였죠.

　　그런데 가는 동안에 그 맨 처음에 하루에 한 번씩인가? 하루에 한 번씩 반별로 돌아가면서 막 해요[구간을 나누어서 걸어요]. 처음 1반 부모들이 들어갔다가 2반 부모가 들어갔다가, 이틀인가 그러다가 교대하고 그런 식으로 이틀에 한 번씩 팽목까지 갈 때까지 그렇게 했었어요. 남은 사람들은 처음부터, 안산에서 팽목까지 갔으니까. 내가 또 아는 아빠가 있는데. 엄마가 처음으로 계속 완주[하겠다고] 갔었거든요. 그 엄마가 이제 못 가게, 내가 방해를 좀 했어요. 아는 아빠를 엄마 대신 집어넣어서 얘기도 하고 갈라고 그랬었는데, 아니 그냥 끝까지 가는 거야. 내가 방해를 그렇게 했는데도 포기도 않고.

면담자　　　그러니까 아버님이 그 어머니한테 돌아가라고 하셨다고요?

은지 아빠　　아니, 돌아가라는 게 아니고, 힘들게 했었어요.

면담자　　　아, 왜요?

은지 아빠　　중간에 포기할 줄 알고. 이게 걷는 게 참 상당히 힘들거든. 거의 중간쯤 한 달 정도 걸었잖아요. 막 보름 정도 되니까 사람들이 힘들어서 막 여기 아프고 저기 아프고, 물집은 그렇다 치고 무릎 아프고 그래요, 사람들이 되게 힘들어요. 그때 아픈 사람들은 침도 많이 놓고 그랬어요. 그런데도 그 상황에서도 포기를 하나 안 했어요. 특히, 진짜 엄마들 강해요. 엄마들이 그때 많았어요. 아버지들은 여섯 명, 일곱 명 정도 됐는데, 나머지는 다 어머니들. 어머니들이 한 열댓 명 됐어요. 그중에서 내가 그때 포기할 수 없었어요. 걷는다는 게 되게 힘들 거든요. 하루에 한 8시간씩 걷는데 쭉 걷는 건데 되게 힘들다구요. 먹기야 먹는데, 먹지도 않아요. 엄마들 그저 요만큼 먹어요. 먹지도 않아요.

나는 원래 그 도보 행렬 하면 밥심으로 해서 밥을 엄청 먹어요. 반찬은 조금 먹는데 밥을 엄청 먹는다고. 엄마들이 밥 요만큼씩 먹으면 반 그릇씩 남잖아요. 그럼 다 내가 수거를 해서 별로 안 남겨요. 남기기는 그렇잖아요. 하다 보니까 원래 경비 같은 거는 우리 가족대책위에서 다 할라고 했었는데, 내려가다 보니까 그 지역마다 시민대책위가 있잖아요. 시민대책위들이랑 그 주위의 시민들이 해줘.

면담자   보디가드도 해주시고?

은지 아빠   같이 이제 참여도 하시고. 같이 걸어서 그 지역마다 가면 꼭 참여해 주시고. 적으면 한 20명 가까이 30명 가까이 되고 많으면 광주 같으면 한 몇천 명 되고. 그런데 걷다 보니까 이제 다른 데는 뭐라고 안 하는데 충청도 가니까 어떤 할아버지가 막 이상한 소리를 해. 막 "왜 하냐, 빨갱이" 뭐 이런 얘기를 해. 그때는 아무 소리 안 했지요. 왜냐, 욕먹어야지 우리가 사니까. 먹는 거 같은 거, 잠자리 같은 거 시민들이 많이 해줬어요. 원래 잠자리도 우리가 해야 되는데 어디 단체에서 어디 호텔이든 □□모텔 같은 조그만 그 1급 호텔은 아니고 2급 호텔 정도 해갖고 해주는 사람이 많았었어요.

거기 지역마다 이제 잠자리 없으면 거기 교회에서 잠자리 해갖고, 교회는 연수원식으로 애들 수련회 했던 데가 있어서 방을 만들어놓은 게 있어요, 거기 들어가고. 우리 가족만, [단원고] 학생들 가족만 온 게 아니라 일반인 시민, 일반인 희생자 가족들도 오셔가지고 같이 했어요. 거기 있는 분들은 거의 다 풀코스로 완주하신 분들. 특히 그중에 또 인천에 계시는 할아버지는 연세가 80인가 90인가 그런데 되게 정정하셔. 근데 그분이 안산에서 저기 팽목까지 풀코스로 하고 오셨다니까.

면담자   이분은 시민으로 참여하셨던 거세요?

은지 아빠   네. 그 아저씨 보고 나면 '대단하다. 우리도 힘든데, 힘든 내색 없고. 와, 끝까지!' 그전에도 우리 500일 날인가 걸을 때도 진짜 정정하셔. 가끔 가면은 오세요. 대단해요. 우리도 이렇게 힘든데 와서 끝까지 같이 이렇게 동행하시니까 항상 "고맙다"고 올 때마다 인사를 해요.

면담자   같이 다니시면서 다른 유가족분들과도 사이가 좀 돈
독해지고 그러셨어요?

은지 아빠   네. 모르는 사람도 활동을 했더라도 안면은 이렇게
많이 안 했었어요. 그리고 이걸 하다 보니까 모르는 사람들하고도
대화가 되는 거야, 하다 보니. 서로 이제 도보 행진을 하다 보면,
힘들거든. 묵묵하게 걷는 거보다는 가끔 옆에서 대화를 숱하게 거
는데, 같이 이제 조절을 해가지고 가긴 가는데 둘이 항상 맞는 사
람끼리 얘기하면서 가기도 하고. 나는 이제 4·16TV를 하다 보니까
여러 사람들 찍어야 될 거 아니야. 앞에 있는 사람도 찍어야 되고,
뒤에 있는 사람도 찍어야 되니까 왔다 갔다 하니까 뛰어다녀야 하
니까 힘들다고 그게. 근데 하다 보니까 가끔 이제 중간에 휴식 때
있으면 사탕 같은 거, 단체에서 사탕이나 빵 같은 거 줘요. 떡이랑
만들어갖고 다 줘요. 다 그걸 일일이 해갖고 가져오세요. 그런 거
찍고.

아, 그런 거 보면 진짜, 진짜 고마운 거예요. 남인데, 솔직히 말
해서 남이잖아요. 단지 우리가 애들을 잃었을 뿐인데도 그렇게 해
준다는 게 되게 고마운 거예요, 도보 행진 하는 분들도 주위의 그
사람들이 그렇게 도와주는 거 보니까. 나도 그전에 뭐 조금이라도
뭐 직장생활 하면서 내가 돈은 다른 사람에 비해 적게 벌어도 적십
자 같은 데 그런 회비 있죠. 1년에 두 번씩 내고 그랬었어요. 얼마
되지도 않는데.

근데 저는 어떻게 도울 생각은 안 해봤었거든요. 근데 그런 거

보니까 '나도 전에 저렇게 진작에 할걸. 참사나 같은 거 겪을 때, 관심 있게 쳐다보고 했어야 했는데. 나는 왜 안 했었다가. 이제 내가 당하니까 왜 이제 받고 있나' 그런 식으로 내가 좀 미안한 감이 많았었어요, 주위의 분들 이렇게 도와주고 하는 거 보니까.

그러니까 우리 가족도 이제 충청도 지나서 논산 지나서. 그때부터 이제 그 옛날에 농악 풍물패도 같이 진행하고 그랬었다고. 내가 이제 가다 보면 사탕이며 뭐며 주머니에 있는 대로 막 집어넣는다고. 그럼 내가 가다가 우리 유가족이나 시민들의 애들이 오잖아요. 애들 데리고 오면 애들은 심심하잖아요. 그럼 사탕을 다 줘버려. 그럼 이제 그 일반 가족들이나 그 시민들이 같이 도보를 하고 있으면, 가가지고 말장난을 하는 거야. 하여튼 막 장난도 치고, 내가 그런 걸 좀 했어요, 힘을 내라고. 부모님들한테도 막 사탕 먹으라고 주고. 막 그렇게 많이 했어요, 중간에. 그러면 좀 낫거든요. 누군가 옆에서 자꾸 이제 장난을 치고 그러면 힘을 좀 내거든요. 그리고 길 가다 보면 걷다 보면 시민들이 내려서 차에서 내려서 "수고한다"고 말해주고.

그리고 또 뭐 있었더라? 광주였는지 거기 시내에 들어갔는데 이만한 유치원 꼬맹이들이 딱 이거[피켓] 들고 "힘내라"고 그러니까 가슴 찡하고. 우리 도보 행진 실장이 있었거든요. 그거 보고 애들 보니까, 애들 생각나니까 갑자기 사진 찍고, 울고…. 그래서 도보 행진하면서 진짜 좋은 점 많았어요. 나쁜 점은 별로 없고, 좋은 거만 배운 거 같아. 아직도 주위에서 누가 그렇게 길 가다 욕을 해도 우리 주변에 너무 고마운 일이 너무 많고 좋은 사람이 많다 이거죠.

7
2015년 4월 시행령 폐지 활동

면담자   그리고 2015년 4월에 와서 시행령이 발표되고 나서 굉장히 실망도 많이 하시고 엄청 분노하셨잖아요. 특별법을 만들어놨는데, 이것도 마음에 안 드는데, 시행령을 너무 엉망으로 만들어놔 가지고 삭발도 하시고 서울까지 행진하시기도 했어요. 2015년 4월은 정말 힘들게 막 뛰어다니고 싸우셨는데요, 그때 아버님은 주로 어디에 계셨어요?

은지 아빠   저도 같이 있었어요.

면담자   같이 계셨어요?

은지 아빠   그 삭발하는 데 뒤에 있었어요, 근데 참여를 안 할 뿐이지. 그 삭발은 그때 시기에서는 아니라고 생각했어요.

면담자   왜 그렇게 생각하셨어요?

은지 아빠   '어차피 얘네들은 시간 끄는 건데, 시간 끌긴데, 굳이 거기서 우리가 삭발을 해갖고 특별히 이슈를 끌 수 있겠냐' 그렇게 생각했어요. 좀 있다가 더 해도 되는데, 더 있다가. 그런데 다른 쪽으로 생각해 보면 국민들이 그때 좀 반응이 별로 없었어요. 반응을 좀 돋울라고 그랬을 수도 있어요. 내 생각에는 삭발까지는 좀 안 했으면 했었어요. 삭발이란 게 옛날 같으면 자기 목숨을 낸다는 얘기예요. 자기 목숨을 건다는 얘긴데, 그죠? 삭발이란 게. 옛날 방식 따지게 되면 머리 깎는 그 자체가 자기 목숨을 내놓는다는 거랑 똑같은 거거든요. 근데 그 목숨을 그렇게 함부로 그렇게 낸다는 게, '[그럴] 상황이 아니다' 싶더라구요.

면담자   '할 수 있는 걸 좀 더 해보고 삭발을 감행했어야 했다'는 말씀이실까요?

은지 아빠   응. 일단 할 수 있는 걸 해보고 해야 됐어야 했는데 너무 시기가 좀 빨랐다 생각이 돼요.

면담자   2015년 4월에 1주기가 있었잖아요. 그런데 아버님이 느끼시기에 시민들의 관심이나 생각이 1년 만에 어떻게 바뀌었다고 생각하세요? 혹시 좀 관심이 떨어지거나 부정적으로 바뀌었다고 느끼셨나요?

은지 아빠   안산에 있을 때는 그렇게 생각했었어요. 주위 사람들도 그랬고, 좀 많이 그런 얘기가 많이 들리고 많이 나왔어요.

면담자   그러니까 4·16 참사에 대한 부정적인 반응들이요?

은지 아빠   네. "아직도 그거 하고 있냐, 이제 보상 안 받냐". 또 한참 있다가 또 배·보상들에 대한 얘기가 나왔었잖아요. 그래 갖고 "아직도 하고 있냐, 끝낼 때 됐지 않냐", 이런 식으로 많이 사람들이 그랬었어요. 그래도 이제 그 삭발하고 나서 조금 달라졌죠.

면담자   어떻게 바뀌었나요?

은지 아빠   삭발 같은 거 하니까 시민들이 '웬만하면 포기할 건데, 아직도 포기도 않고 하고 있다' 그러니까 더 호응이 될 거 아니에요. 거의 시민들이 호응을 해야 될 거 아니에요. 우리 힘으로는 도저히 힘들어요. 못 해요. 끌고 가는 자체가 우리 힘 자체로는 뭐… [부족하죠]. 우리 가족들이 아무리 소릴 질러도 안 된다고. 근데 시민들이나 국민들이 이렇게 올라서면 함부로 못 건드리거든요, 누구든지. 내가 생각하기에는 그거를 할라고[시민들의 지지를 얻으려고] 삭발을 한 건데, 그러면 시민들은 '아직도 세월호 가족들이 포기를 하지 않고 하고 있구나'. 그렇게 하니까 이제 좀 호응이 되는 거죠. 그러니까 주위에서 또 전국적으로 단체가 있고 그랬었다고.

[도보 행진] 끝나고 나서도 우리 3반 부모들이 외국 가서 거기서도 또 [간담회를] 했었어요. 자기 일이 아닌데도 밴쿠버에서도 하고, 또 미국 가서 하고, 거기서 아직도 진행을 하고 있잖아요. 가끔 보면 외국에서 시위하는 거 보면 그 사람들이 더 부러워. 왜냐하면 거기는 막지를 않아요. [시위가] 불법이 아니거든. 우리는 뭐 캡사이신 쓰고 방어막 막고, 그게 뭐여? 뭐 전쟁 났어? 지네한테 내가 우리가 폭탄을 던져 뭘 던져? 얘기하자는데.

박근혜가 그러잖아. 처음에 [진도체육관으로] 내려왔을 때 그때, 나는 안 들어갔었는데 가족대책위 임원들 들어가 갖고 받아놓은 거야. 박근혜 대통령이 "언제든 와라, 만나겠다" 방송까지 나왔었다니까. 그런데 우리 특별법이 그렇게 안 되니까 찾아가서 얘기를 해야 될 거 아니야? 이런 문제가 있으니까 좀 만들라고. 갔더니 벌써 막아버리는 거야. 그때는 참 너무 정치인들이 심했다고 생각해. 조금만 세월호[부모]가 가면 무조건 경찰 버스가 기본적으로 한 열 대씩 있어. 세월호만 왔다 벌써 한 열댓 명이 벌써 막고 있다니까.

아니, 지네들이 죄가 없으면 왜 막냐고. 지네들이 찾아오라는데, 그래서 찾아가야겠다는데 걸어서 가겠다는데…. 언제는 오라고 [그래 놓고] 가는데 왜 막냐고. 뭔가 죄가 있으니까 아냐. 그리고 우리가 뭐, 뭐가 있냐, 뭐 죽일 것 같애서? 아, 죽였으면 벌써 죽였지. 걔네들 진도체육관 왔을 때 벌써 그때 죽였지. 걔네들 뭐 저기 경호원 있어도 뭔 소용이야. 우리 새끼가 죽었는데, 우리 새끼가 그거 바다 보냈는데 그거 하나 못 죽이겠어? 죽일라면 벌써 죽였지?

그러니 뭔가 이게 대통령이고, 뭔가 문제가 많은 거 같아. 죄를 졌고 자기가 뭐 꿀리는 게 있으니까 못 만나게 막아버리는 거야. 그건 뭐야? 그만큼 죄가 있다는 거 아니야. 자꾸 숨길라고. 우리가 가면 뭐 다 막아요. 저번에도 국무총리 만날 때도 시민[들을] 막았다구. 그래도 차도로 안 가고 인도로 갔단 말야. 근데 왜 시민이 다니는 길인데 막냐고. 그리고 우리가 시위를 했어도 거 동네 사람들은 가야 될 거 아니야, 거기 시민들은 왜 막어. 그게 경찰이냐고 이게. 안 그래요? 그 동네 사람들은 차도로 가라는 거야? 그러니까 우리나라에서 뭔가 죄지은 게 있으니까 못 가게 자꾸 막을라고. 그전

은지 아빠 한홍덕

에 500일인가 돼갖고 많이 격하게 했었잖아요.

면담자   1주기 때 그때 정말 심하게 진압했죠.

은지 아빠   1주기 때. 그때 격하게 했잖아요. 그때 버스 빵빵거리고 [집회 과정에서 경찰 버스가 파손되었다고] 많이 나왔잖아요. 그때 우리가 안 했어. 내가 그 버스 옆에 있었는데 그렇게 망가지진 않았었거든. 우리가 버스 그렇게 망가뜨리고 했다고 신문 나가고 뭐 TV에도 나왔었잖아요. 그거 우리가 한 거 아니에요. 그리고 [내가] 그 망가진 버스 옆에 있었는데 그렇게 많이 안 망가졌다고. 그 팩트TV에서 찍으면서 그 사람들도 봤어. 근데 아침에 뉴스 딱 보니까 벌써 완전 하나가 걸레가 된 거야, 고물이 된 거야. 그러니까 우리가 조금 한 걸 가지고 막 부신 거야. 지네들이 인위적으로 부수고 "이렇게 세월호가 했다" 그런 거 같아. 뭔가 이제 꼬투리 잡을라고. 그 차에 막 이렇게 라카[래커] 칠하고 했잖아. 내가 앞에서 그걸 하는 사람을 봤거든요. 주위에 대학생인지 시민분이 "그걸 왜 하냐"고 막 따지고 추궁을 하더라고요.

면담자   하지 말라고.

은지 아빠   응, 하지 말라고. "아직까지는 이 사람들이 우리한테 피해를 안 줬는데 왜 하냐".

면담자   왜 먼저 피해를 끼치냐고?

은지 아빠   어, 먼저 왜 하냐고. "우리는 조용히 가고 싶은데 너는 왜 여길 장난을 치냐" 이거지. "국가 재산이고 니 거도 아닌데, 분명히 우리한테 욕을 할 건데 그걸 할 필요가 있냐"고. 내가 그 얘기를 했어야 했는데, 그때 상황은 정신이 없었어요. 그러고 그때도 엄마, 아빠들이 [고립되어 있던] 광화문 앞에 거기도 건너갈 시간도 있었는데 안 건너갔다고. 그냥 그 앞에서 인도 위에서 있었어. 웬만하면 부정적으로 이렇게 안 해요, 그냥 지킬 건 지키고 해. 그래 갖고 그때도 경찰관 앞에 있었는데 "나 여기서 더 이상 안 가니까 건들지 마라"고 우리가 자연히 해코지도 안 하고 우리가 안 했단 말이야. 그때 한번 그런 적이 있었어요. 경찰이 있어서 한번 방패를 만졌어. 이렇게 딱 만졌더니 그 뒤엔가 윗 상관인가? "건들지 마세요" 건들면 안 된다 그래. 그래서 내가 그랬어. "야, 니네도 우리막 건들잖아, 그럼 어떡하냐?"

면담자   그렇게 얘길 하셨어요?

은지 아빠   응. 그렇게 얘기했어요. 건들지 말래. 그냥 그 방패를 만지작만지작 내가 해봤어. "아이 좋네" 하니까 "아, 만지지 마세요. 만지면 안 됩니다" 그래. 그래 갖고 내가 "니네들은 우리 유가족 건드는 거 어떻게 생각하냐?" 그랬더니 아무 소리 안 하는 거예요(웃음). "다음부터 니 유가족 건들면 죽여버린다" 그랬더니 아무 소리 안 하는 거예요(잠시 침묵). 니네 거는 단지 방패 니 얼굴 가리는 방패 건드리는 건데 왜 건드냐고 하니까, "임마, 그럼 우리 유가족은 왜 건드느냐"고. "너 딱 기억할 테니까 너 유가족 건드리면 그날 죽는다" 이랬어. 그러니까 아무 얘기도 안 해.

면담자   그때 앞에 나서서 발언을 하시거나 하는 부모님들 계시잖아요? 그런 부모님들은 보통 나가시는 분들이 계속 나가서 말씀하시는 거세요?

은지 아빠   거의 그렇게 돼죠. 주로 그분들이 하지. 근데 안 하다가 하니까 나가서 말하는 게 힘들어요. 저도 회사 내에서 간담회를 했었거든요. 내가 퇴사를 하고 나왔는데, 또 회사 내에서 활동하는 분이 있어요. 〈비공개〉 '회사 내에서도 시민들처럼 단체를 만들어가지고 어떻게 할 수 있을까' 해서 한번 했었어요.

면담자   그 모임은 아버님들이 중심이 돼서 만든 거예요?

은지 아빠   우리가 만든 게 아니라 동료분들이 알아서 만든 거죠. 방송보다는 자세하게 우리 얘기를 듣고 싶으니까, 한번 간담회식으로 듣자고 해서 비정규직회하고 거기 사무실 하나를 빌렸었어요. 아는 사람들 통해서 하는데 그때도 한 2, 30명 왔어요, 회사에 근무하니까. 근무시간이 우리는 [오전] 7시에 들어가 갖고 [오후] 3시 40분쯤 끝나요. 그러면 한 4시 반쯤에 모여갖고 그걸 했었거든요.

면담자   아버님도 가셨어요?

은지 아빠   원래 건우 아빠가 그걸 할라고 했었는데, 건우[아빠]가 나보단 동생이거든요. "형님, 같이 갑시다" 걔는 몇 번 갔다 왔나 봐요. 몇 번 했었나 봐요. "나 말 못한다. 알아서 해" 하고 같이 얘길 했는데, 〈다이빙벨〉 그거를 보여줬어요. 그걸 보여주고, 이러 이렇다고 보고 나서 이야기를 하고. "우리는 지금 다른 거 아니다. 우리 애들이 어떻게 죽었는지 진상 규명해서 그걸 밝히고 싶다" 그 얘기를 했다고. 거의 회사 분들이라 다 애 장례식장에도 많이 왔고 호응도 많았어요. 그분들도 "어떻더라" 얘기하고. 지금 회사 그만 둔 지 1년 안 됐죠?

면담자   1월에 그만두셨으니까 10개월 됐죠.

은지 아빠   10개월 정도 됐는데도 아직도 연락이 돼요. 자기네 회식 가면 불러. "형님, 오세요. 같이 한잔합시다".

면담자   가세요?

은지 아빠   제가 A, B조를 다 알아요. [교대제 방식이라] 처음에는 내가 이제 내가 B조면 A조 사람을 몰랐어요. 그런데 이제 일을 하다 보니까 교대할 때 처음에는 인사를 했어. "수고하세요" 이렇게 돌아가면서 하는 그게 2년, 3년 정도 되니까 서로 알게 되고 친해지는 거야. 그 행동을 나만 했었는데, 하다 보니까 주위 사람도 같이 해버린 거야. 그러니까 서로가 보기가 좋지. 서로 교대할 때마다 "수고한다. 수고해라" 그런 얘기하니까 서로 좋잖아요. 하다 보니까 술자리도 같이 하게 되고 지금도 그래서 가끔 만나요. 지네들 회식하면. "형님, 이번 주 언제 토요일 날 회식하는데, 몇 시에 나올 수 있어요?", "알았어. 갈게" 그러면 나오고 술집서 만나고 그런다고. 아직도 연락이 돼요.

면담자	아, 좋네요.
은지 아빠	회사가 좋아요. 회사 사람도 좋고.
면담자	사장님도 그렇게 나쁜 분 아니셨어요?
은지 아빠	예. 나쁜 분 아니었어요. [회사를 그만둘 때] 사장님도

웬만하면 잡을라고. 미안하지요. 너무 미안해 갖고 나올 때도 안 보고 왔는데, 나중에 찾아가 봐야죠. 고맙죠. 회사가 그냥 좀 대기업보다는 안 좋지만은 거기가 거의 대기업 수준이에요. 한 달에 뭐 50퍼센트씩 보너스가 나오고 명절에 100퍼센트씩 나오고, 휴가비, 성과급 나오고. 그러니 웬만한 회사보다 좋지요. 그래서 생활이 되는 거예요. 저 같으면 좀 쪼개고 하면[절약하면] 애들 세 명 키울 정도는 된다고 했어요. 그러니까 애 엄마는 직장생활 안 하니까 사람들이 내가 애들 세 명 키우고 어떻게 생활하냐고, 부럽다고 생각해요. 나 혼자 벌어서 사니까. 어떻게 하다 보니까 그게 되대요.

8
다른 유가족들과의 관계

면담자	3반 부모님들과는 어떻게 지내세요?
은지 아빠	거의 다 친해요. 근데 이제 뭐냐, 윤민 아빠도 실업

자고, 나도 실업자고, 소연이 아빠는 언제든지 시간 나면 참석하는

사람이고 그래요. 사업하는 건 아니고 동생이 사장인데 거기 회사 다니면서 바쁠 때는 일하고, 한가할 때는 얘길 해갖고 활동하는 데 참석을 하신다고. 요번에도, 그전에 제가 얘길해 갖고 "형님, 우리 동거차도 한번 갑시다. 다른 일 없네요. 갑시다. 기왕 가는 거 셋이 갑시다"라고 합의를 하고. 그때 사장 동생한테 얘기를 해갖고, 일주일 빠지고 간다고 해서 세 명이 동거차도 같이 들어갔지. 윤민이 아빠도 집에서 쉬세요. 그분은 지금은 어디 다니신다고 그러시대요. 운동을 참 잘하세요. 조기 축구인가 운동을 많이 하시는 편이에요.

면담자　　3반 부모님들끼리 따로 모임을 하세요?

은지 아빠　　따로는 모이죠.

면담자　　반 모임이 따로 있는 거죠?

은지 아빠　　반 모임은 [분향소] 당직 때 하고. 일반적으로 그전에 모였을 때는, 내가 직장 다니면서 모였을 때는 3반 부모들한테 가끔 전화를 해요. "어디예요?", "집 근처에 부모들이 있어" 그러면 "술 한잔 먹으러 나와요". 거의 내가 전화를 해요.

면담자　　모임을 만드셨군요?

은지 아빠　　3반은 아빠 모임이 또 있어 가지고 거기도 나가. 3반 엄마들이 많이 나오고 아빠들이 별로 안 나오니까 아빠들끼리 이제 모이자고 해서 밴드로 모여갖고 했어요. 뭐 내가 거의 중간 입장이라서 내가 중간에 다 전화를 해요.

면담자   3반 아버님 중에 누가 연배가 제일 위세요?

은지 아빠   소연이 아빠가 제일 큰형님이라서 딱 나오시면 "형님, 어디예요? 나오세요. 한잔 먹읍시다" 그럼 먹고. "동생, 어여 나와 먹지?" 그럼 나오고. 근데 시간이 없거나 약속이 있다든가 그러면 어거지로 나오라곤 안 해요. 근데도 거의 나오시지.

9
은지 동생들의 근황

면담자   제가 조금 여쭤보기가 좀 조심스러운데요. 은지를 보내고 나서 삼 남매가 있다가 남매만 남은 거잖아요. 혹시 남은 자녀들에 대한 생각이 좀 바뀐 측면이 있으신지요?

은지 아빠   하나가 빠지니까 확실히 '뭔가 빠졌다'는 느낌이 많이 들어요. 그러니까 그 전에는 좀 나쁜 생각이지만 애들한테 좀 소홀했어요. 꼭 은지 하나 보고 그렇게 살아온 것처럼 되게 밑에 애들한테 조금 소홀한 걸 지금에 와서 느끼거든요. 그리고 그때 은지 가고 나서 그때 생각했을 때, ○○이나 △△한테 옛날같이 사랑을 줘야 되는데 별로 안 준 거 같애. 지금은 좀 낫죠, 지금은. 근데 이제 은지 보내고 나서 한 몇 개월 동안에 나도 좀 힘들었고. 내가 트라우마가 조금 늦게 왔어. 처음에 은지 나오기 전에 그때 좀 그랬지 나오고 나서는 '별로 그렇게 [생활에] 지장이 없다'고 생각했었는데, 회사를 그만두고 도보 행진을 하고 그다음에 시간이 너무 많이 남잖아요. 그러다 보니 이런 생각, 저런 생각 나고, 복잡하고…. 이걸 하다 보니까 애들한테도 소홀하고.

내가 이제 회사를 그만두고 집에 계속 있다 보니까 둘째가, 아빠 언제 회사 가냐고, "회사 가? 안 가?", "왜?" 그러니까 아빠가 회사 가는 게 보기 좋대. 우선은 애 엄마한테 다 얘기를 했었으니까 "때가 되면 가겠지" 그렇게 얘기했죠. 그리고 계속 거의 집에 있다시피 했어요. 나가면 당직 때나 가족회의 때만 나가고 거의 집에 있다시피 하다 보니까 이제 트라우마가 생기는 거야. 이런 생각, 저런 생각나고 나가기 싫고, 나가면 불안하고. 그러니 애 엄마가, [제가] 그전에는 집에 있어도 괜찮았었는데 지금은 막 "언제 나가?" (웃음). 소연 아빠가 뭐 자꾸만 전화를 해요. "점심 먹었냐? 점심 안 먹었으면 같이 먹어, 점심이나 먹자구" 나오라고. 그럼 나가라고 밀어, 밀어, "빨리 나갔다 와".

그래 나갔어도 그렇게 내가 뭐 함부로 그렇게 돈 쓰고 그러진 않거든요. 그리고 회사 다닐 때도 회식 나오면 회식할 때 그때만 빠지고 거의 회사 갔다 바로 집에 와. 항상 먹을 거 있으면 나는 손에 들고 다녀요. 그러니까 그게 버릇이 돼갖고 나갔다 오면 뭘 사오고, 그리고 어디 방문하게 되면 뭐라고 갖다주고 싶고. 약간 뭐랄까 좀 정이 많다?

면담자   맞아요. 약간 그런 스타일이신 것 같아요.

은지 아빠   막 퍼주고 싶고. 그러고 아빠들끼리 모여서도 막 해. 내가 직장생활 할 때도 그랬는데 지금은 실업자니까, 버는 게 없으니까 자제를 해야지요. 아니면 분빠이[갹출] 하든지.

은지 엄마도, 애 엄마는 트라우마가 너무 빨리 왔어요. 애 엄마가 혼자 있고 싶어 하고, 막 나가고 그랬었어요. 막 오이도 갔다 오고 싶다고. "갔다 와" 그랬더니 처음에는 그런 게… 멀리 가면 항상 불안해, 그때는.

면담자   ○○이는 어떤가요? 언니 얘기도 하나요?

은지 아빠   네. 언니랑 키도 같이 가니까[비슷하니까] 비교를 해요. "언니가 이랬는데 저랬는데" 하지. 그런데 그전에 은지가 살아 있을 때는 비교하면 막 뭐라고 했었는데, 지금은 비교하면 "아, 그건 내가 언니보다 좀 낫지" 뭐 이런 식으로 얘기를 해요. 그러니까 그전보다는 많이 좋아졌어요.

근데 둘째[○○]가 눈물이 많아요. 툭하면 막 자기 성격에 못 이겨갖고 울 때가 있어요. 속상하거나 좀 속상하면 막 그거를 삭혀야 하는데, 그걸 삭히려면 울어. 나한테는 그렇게 안 하는데 애 엄마가 있으면 운다고. 그럼 "왜왜왜왜?" 그러고 쫓아가면 "아니야" 뭐 그런 성격을 이해하지. 근데 그런 성격을 거의 제가 몰랐어요. 은지 엄마가 다 알고 있었어요.

그러니까 엄마하고 얘기하는 거하고 아빠하고 하고 얘기하는 거하고 좀 틀려요. "아무리 솔직히 얘기해도, 엄마한테 얘기할 수 있는 게 있고 또 아빠한테 얘기할 수 있는 게 있다"고 얘기를 하더라구요. 그래서 애엄마한테 은지에 대한 얘기를 조금 들어보면은, 좀 내가 모르는 게 많아. 전에도 일기장도 봤는데, 일기장에 뭐 나쁜 거는 별로 얘기가 없었어요. 그리고 [내가] 애들 그렇게 때려도 뭐, 그거에 대한 나쁘다는 소린 별로 안 했단 말이에요. 그래도 내가 술을 먹더라도 술에 딱 취하면 그냥 자요. [애들한테] 해코지가 없거든요, 그냥 자. 그런데 단지 뭐냐면 애가 좀 늦게 들어왔다 그러면 술을 먹든 안 먹든 간에 화를 내서 그렇지. 술 먹고 들어와서 괜히 거기서 애들 데리고 막 이 얘기 저 얘기하면 엄청 짜증 나는 거거든요. 나는 편했을지는 몰라도 듣는 애들 입장에서는 틀리거든요. 그게 애가 됐든 어른이 됐든, 그 얘기가 계속 반복이 되니까. 그러는 게 싫어서 그냥 술 좀 마시면 그럼 자요, 무조건 자.

10
활동하면서 아쉬웠던 점

면담자   4·16 이후에 여러 가지 활동하셨던 얘기 많이 해주셨는데 혹시 그중에 아쉽거나 후회되는 점이 있으셨어요?

은지 아빠   후회되는 거는 '조금 더 활동을 할걸…. 다른 사람들 서명운동 하느라 대구, 광주, 부산 가시고 할 때 같이 따라가서 좀 도와줄걸, 도와줄걸…'. 그게 조금 아쉬워요. '다른 사람 활동하는데 나는 마냥 집에서 놀고 있는데… 가서 붙기만 하면 되는데, 서 있기만 하면 되는데 왜 안 갔을까', 그런 생각이 많이 들어요. 지금도 그래요. 지금도 하다 보면 마음은 하고 싶어, 하고 싶은데 막상 할라면 하기 싫어.

근데 이제 웬만한 건 좀 하려고 해요. 자꾸 조금씩 거기서 이제 진행하는 거를 조금 같이 어울리게 좀 할라고 해요. 가끔 분향소 가서 엄마들 보면, 뭐 하냐고. 저번에도 금요일 날 분향소 가니까 성훈이 삼촌[윤희 삼촌 김성훈 씨]이라고 팽목항 지키는 사람이 왔어요. 점심 한 끼 같이 하고 "분향소에 있자" 그래서 그냥 부모들이랑 있다가 정인이 아빠가 "오늘 피케팅하자"고 그래요. "왜요?" 아버지들이 없대. "아, 나 오늘 안 되는데. 안 되는데", "해줘요, 해줘", "알았어, 할게"(웃음). 원래 항상 금요일 날 피케팅이 있거든요. "아이씨, 그냥 하자" 했어요. 하다 보니까 조금 있다가 소연이 아빠한테 전화 오는 거야. 형님이 "야, 회 먹자. 윤민 아빠 나왔으니까 같이 먹자", "아. 오늘 피케팅해야 하는데. 어떡해요" 그러면 "알았어"(웃음). 그 동생이랑 피케팅하는데, 확실히 학생들이 호응을 진짜 잘하드만.

면담자   중고등학생들이요?

은지 아빠   "서명, 서명 좀 부탁합니다" 하고 막 서 있으니 얘기도 안 했는데 벌써 와서 지가 서명하고 있어. 그러니까 학생들은 다 안다는 얘기야, 그래서 확실히 학생들이 낫지. 어르신들은 "서명 부탁합니다" 해도 안 해주고 가는데. 뭐, 나도 안 해줬으니까. 그전에 누가 뭐 해갖고 "서명 좀 부탁한다"고 전단지는 받았는데,

131
•
2회차

그 서명을 안 해줬어. 그러다 입장이 또 바뀌어버리니까, 또 그러네요, 그게. 그냥 "서명 좀 부탁합니다" 얘기를 해도 할 말을 못 하겠드만. '나도 안 했었는데. 저 사람들한테 재촉할 수 있겠냐'.

면담자   그래서 "서명해 주세요" 말씀하기 좀 어려우시네요.

은지 아빠   네. 그냥 "서명 좀 부탁합니다" 그 말만 계속하는 거예요. 약간 입장을 좀 바꿔서 생각을 해요. '나도 안 했는데 저 사람은 할까?' 나도 서명을 좀 했었으면 조금 나았을 건데, 안 하고 그냥 지나갔단 말야.

면담자   그래도 이제 많이 바뀌셨잖아요. 그렇죠?

은지 아빠   많이 바뀌었죠.

11
건강과 향후 계획

면담자   건강은 어떠셔요?

은지 아빠   건강은 항상 해요.

면담자   부모님들이 대개 몸이 많이 안 좋아지셔서요.

은지 아빠   그리고 제가 이빨이 지금 없잖아요. 이빨이 이게 빠진 게 그때 사고 난 그때부터 시작해 갖고 이빨이 빠졌어요. 그래도 그때부터 이빨을[의치를] 안 해요.

면담자	왜 안 하시는 거예요?

은지 아빠   하기가 싫어요. 주위에서 하라는데 하기가 싫어요.

면담자   부모님들이 치아도 그렇고 기억력도 안 좋아지셨다고 들었어요.

은지 아빠   저도 가끔 얘기하다 보면 깜빡깜빡 잊어먹잖아요. 그전에 도보 행진 했다가 가족 얘기 하다 보니까 갑자기 '어? 내가 가족 [이야기] 하기 전에 뭘 얘기했지?' 그 생각이 안 나요. 그전엔 그런 얘기를 할 때도, 그전 얘기를 이어서 갔는데, 몰라 이제는 앞 얘기만 생각나는 거야.

면담자   아버님 지금까지 말씀 잘해주셨어요. 혹시 아버님께서 앞으로 살아가시면서 추구하려고 하는 목표가 있다면은 어떤 게 있으신지요?

은지 아빠   이제 애들 진상 규명 밝혀지면 [참사 책임자들의] 리스트가 딱 나올 거 아니에요. 걔들 인제 잡으러 가야지. 똑같이 보내줘야지. 똑같이 해줘야죠. '니네도 한번 당해봐라' 그러지, 죽이진 않아요.

면담자   그러면 어떻게 할까요?

은지 아빠   안 죽여요. 죽이면 안 되지. 살인죈데 큰일 나지. 죽이진 않고, 고통만 줘요. '이런 고통이다. 니들도 한번 느껴봐라'.

면담자   그다음에는 뭘 하고 싶으세요?

은지 아빠   그다음에? 조용히 살아야죠. 난 그냥 그 시골 같은 데 옛날에 삼례에 살았을 때처럼 냇가 있고 산 있고 그런 데 그 구석탱이에서 나 혼자만이라도 내 식구들만이라도 먹을 수 있는 것만 해갖고 농사지어 갖고. 뭐, 돈 벌고 그럴 필요 없고 애들 교육은 해야 되니까 그냥 내 벌어놓은 재산은 애 엄마 주고. 나는 인제 조그만 집 하나 별장식으로 해갖고 거기서 나 혼자 살 수 있게. 나야 뭐 혼자, 뭐 해 먹을 수 있으니까 굶어 죽진 않는데.

면담자   그래도 어머님이랑 같이 가셔야 되는 거 아니에요?

은지 아빠   애들이 있잖아요. (면담자 : 애들은요?) 애들이랑 같이 가게 되면 뭐가 문제냐면, 막내가 문제야. 막내가 치료를 해갖고 재활을 계속해야 되는데, 그런 데가 많지 않잖아요. 안산에 초등학교들 중에 [특수교육을] 하는 데들이 그렇게 많지가 않아. 지금 안산에서 그렇게 교육을 받다가 다른 지역 가면 거기서 그 해당이 되는 교육을 계속 이어가야 되는데, 그러면 또 다른 걸 받아야 돼요. 그리고 시골로 가게 되면 [재활 시설까지] 거리가 멀잖아요. 매일 왔다 갔다 해야 되는데, 그게 힘들어서 시내에서 살게 되면 어차피 이 집이나 그 집이나 똑같은데. 그렇게 되면 내가 시골 살다가 시간 날 때 올라가서 또 챙겨주고 그럼 돼. 나만 움직이면 되니까. 애들은 뭐, 그러다가 애들 방학 때라든지 토요일 날 쉬어서 아빠 보러 온다고 내려온다고 그러면 더 좋고. 냇가에서 낚시도 할 수 있고, 그리고 머리 식히고. 혼자서 우는 시간이 별로 없잖아요. 그때 가서는 울어야지. 처음에는 되게 퇴사하고 나와서 '아주 깊은 산속에 가갖고 실컷 울고 싶다'고 그런 생각 많이 했었어요. 근데 아직까지는 많이 싸워야 되니까, 많이 많이 참았어요. 일단은 [진상 규명 활동이] 끝나고 그런 식으로 산에 신나게 실컷 울고 싶고.

그리고 그때 돼서 이제 내가 자리를 잡게 되면, 그때는 우리 은지를… 은지가 지금 납골당에 있잖아요. 따로, 집에다가 그리 옮겨 갖고 이렇게 만들어놓을 생각 하고 있어요. [아이들을] 여기 같이 [한곳에] 모아서 이렇게 하는 건 좋은데, 난 그 생각이에요. 이제 끝나면… 그렇게는 하고 싶지 않아요. 따로 이제 집에다가 이렇게…. 옛날 사람들이 집에 이렇게 모시는 것처럼 딸내미도 모시고 대하고 하고 싶은 게 내 생각이에요.

저기 멀리 있는 거보다 바로 옆에 있는 게 좋지. [은지에게] 그전에는 자주 갔는데 요즘은 못 가고…. 그 애 보내고, 장례식 끝나고는 일주일에 두세 번은 갔는데, 요새는 한 달에 두세 번 갈까 말까 (웃음). 1반에 김민지 아빠는 항상 분향소에 계시잖아요. 거의 분향소 지킴이인데, 매일 아침마다 민지한테 들렀다가 오신대요, 항상. 요번에도 저번 주에 동거차도 갔다 오셨잖아요. 그저께 토요일 날에는 화정교회에서 고구마 캔다고 그때 왔었거든요. 그래 갖고 교회에서 또 그렇게 해준다는데, 진짜 맛있었어요. 선생님 좀 갖다줄라 그랬더니 고구마가 너무 커갖고. 이게 무처럼 되게 커. 다음에 또 만나게 되면 그때 고구마 조금 갖다줄게.

면담자   네. 감사합니다!

은지 아빠   고구마랑 호박도 이런 것도 있어서 요번에 당직 때 떡 좀 더 해갖고 같이 돌릴라고.

면담자   당직이 언제예요?

은지 아빠   20일. 열흘에 한 번씩 하니까. 근데 다른 반에 비해서 3반 부모님들이 많이 나와. 거의 10명 이상은 넘으니까. 엄마들이 거의 8명, 10명은 되고, 아빠들이 한 6명 정도 되니까. 거의 20명 가까이 돼요, 항상.

면담자   많이 나오시네요.

은지 아빠   그래서 사람들이 3반을 부러워하잖아요. 저번에도 서울역에서 저거 피케팅했었잖아요. 아니, 피케팅이 아니라…

면담자   플래시몹(flash mob)을 하셨죠.

은지 아빠   플래시몹, 맞아. 그때 저도 했었어요. 할 사람이 없다는데 어떡해. 뭐 하면 3반 부모님들이 참여율이 확실히 많이 높아요.

면담자   3반은 여학생 반이죠?

은지 아빠   네, 여학생이에요. 다 이름이 비슷비슷해요. 예은이, 예진이. 예은이는 유경근이 딸내미 예은이고, 예진이는 정종만이 딸내미고. 그리고 박예슬이 아빠가 나하고 동갑내기 친구잖아요.

면담자   아마 제일 의지가 되고 위안이 되는 분들은 3반 부모님들이세요?

은지 아빠   그죠. 3반 부모들은 다 모였을 때도 자주 얘기를 하고. 지금은 뭐 예전처럼 "정치가 잘못됐다" 그런 건 많이 얘기 안 해요. 지금까지 있었던 일, 재미난 일 얘기하면서 슬픈 얘기를 안 하고 자꾸 재미 위주로 많이 얘기를 해요. 아니면 뭐 "정치인들이 좆같이 했다" 그런 걸로 같이 욕하고 "씨발놈들" 이러면서 틱틱거리고. 우리 [아빠들 중에] 큰형님이 소연 아빠인데, 음식을 많이 아는 데가 많아 갖고, 당직 때나 나가서 활동할 때 붕어찜이나 막 갖다주고. 보쌈도 저 가리봉동 가서 가져왔는데 진짜 맛있어. 그 형님이 어디 음식점에서 가져오면 다 맛있어요. 부모들이 다른 반 부모들도 다 좋아해(웃음). 그러니까 음식은 진짜 잘 아서. 나도 소연 아빠랑 같이 팽목에 그전에 많이 내려갔어요. 한 달에 뭐 한 번씩 내려가면 거의 일주일, 열흘 정도 있다가 올라오고. 그러다 보면 제가 꼭 한 번 이상은 요리해. 요리하면 소연 아빠가 좋다고, 엄청 기운나 해. 동거차도 갔을 때도 "나 셰프예요" 그러면서 요리했어요.

12
동거차도 감시 활동

면담자   지난번에 동거차도에서 망원경을 두고 오신 일을 말씀해 주셨는데요, 기록을 남기기 위해서 조금 더 상세히 얘기해 주시면 좋을 것 같아요.

은지 아빠 아, 동거차도 그 망원경? 처음에 그 앞 조가 두 명이 갔잖아요. 동거차도에 카트가[카메라가] 있기 때문에 그게 이렇게 화면을 보여주거든요. 그럼 그걸 보다가 [인양 작업 현장에서] 뭐가 올라온다고 하면 사진을 찍어요. 근데 그게 되게 안 보이네? 그래 갖고 우리가 다음에 가니까, '뭐가 필요 있을까' 하다가 망원경이 집에 있길래 어느 정도까지 보이는지 한번 옥상을 쳐다봤어요. 우리 집 옥상에서 딱 봤는데 앞에 아파트에 사람이 왔다 갔다 하는 것까지 보이드만요. 거리상으로 봤을 때는 거의 1킬로미터 이상 보일 것 같애요. 그래서 이걸 동거차도에 가져가 갖고 봤더니, 어유, 잘 보이는 거예요. 잘 보이니까 완전 실용성이 있잖아요. 그 [카메라의] 망원렌즈로 봤을 때는 그게 좀 안 좋았었어요. 앞에다 렌즈를 좀 다른 걸 꼈으면 가깝게 보이게 할 수 있을 텐데 그게 안 되니까 볼 수가 없는 거야. 이제는 [현장에서] 뭐 하는지 망원경으로 보니까 진짜 좋은 거야. 그러다가 이제 우리 교대할 때 "그걸로 봐라. 좋다" 그랬더니 다음 조 부모님들도 딱 보더니, "어? 괜찮네? 훨씬 낫네?" 놔둘 테니까 끝날 때까지 잘 쓰시라고.

면담자 그렇게 망원경으로 보고 계시면 저쪽에서도 같이 망원경으로 본다고 하셨죠?

은지 아빠 그때 내가 보지는 않았는데, 윤민 아빠가 이렇게 본 거야. 딱 봤는데 거기서 [눈이] 마주친 거지. 그러니까 걔네들이 죄를 짓지 않았으면 왜 [작업 방향을] 돌려갖고 하냐고, 굳이. "나 이렇게 하고 있습니다. 그렇게 감시할 필요 있습니까, 가세요" 그럼 된다고. 우리도 보고 "잘하고 있네?" 그러면 우리가 뭐 하러 감시할 필요가 있어요, 안 그래요? 딱 이렇게 해갖고 '이렇게 작업하니까 봐라', '응, 잘하고 있네' 이러면 우리가 뭐 하러 굳이 가서 감시를 하겠냐고. 얘네가 딱 뒤돌아 갖고 작업하는 걸 보기 위해서 우리는 망원경을 갖고 보는 걸로 최대한으로 활용하는 거지. 거기는 망원경으로 봐도 자세하게 안 보인단 말이야. 그래도 이게 [망원경으로 보는] 포즈라도 취하다 보면 그 사람들이 움찔하고, '어우, 저기 쌍안경으로 보고 그런다'고. 내 쌍안경 같으면 좀 비싸게 보여. 멀리서 보면 이게 군에서 쓰는 것처럼 무늬 있고 그래 갖고 비싸게 보인다고. 원래 싼데, 되게 비싸게 보인다고(웃음). 그러니까 제대로 해야 될 거 아니야. 근데 이게 아무것도 아닌데 누구 말대로 감시를 하니까 지레 겁먹고 압박을 주는 거야. 지네들도 우리한테 압박을 주는 것처럼 우리도 똑같이 압박을 주는 거야. "제대로 하라" 이거지. 조금이라도 이상하면 바로 보고해 갖고 [사진] 찍어버리니까.

언제든지 보고 있을 거 아니야. 그 사람들도. 왜 우리한테 왜 라이트를 비추겠냐고. 라이트를 이제 여기서 앞에를, 앞으로 이렇게 비추게 되면 공사를 하잖아요. 그러면 막 이렇게 불 비치고 왔다 갔다 할 거 아니에요. 그럼 걔네들이 왜 그러냐 하면, 낮에는 조용해. 그때 갔을 때는, 낮에는 조용해. 그냥 배들이 왔다 갔다 하는데. 기름 유출이 된 거 뭐 인제 제거하고. 처음에 갔을 때는 기름 유출된 게 보였다고. 그 사진을 찍어갖고 동거차도 친구분한테 보냈다고 카톡으로. 보내갖고 "야 여기 기름기가 있는 거 같은데. 한번 비교를 해봐라". 비교를 해보고 딱 보더니 "그러냐"고, "아직도". 그 사진이 내가 지금 지웠는데 친구한테 그 사진이 있어요, 카톡으로 보냈기 때문에. 그래 갖고 그걸 보내고 나서 이틀 후, 이틀인가 3일인가? 해수부에서 이제 거기 도민들에게요, 도민들한테 그 "보상 문제에 대해서 설명회가 있다"고 그래 갖고, 그때 예은이 아빠가 "녹음 좀 해달라"고 그걸 가서 했더니, 내가 찍은 걸 보여주는 거 같아. 보여주면서 "이거 유출된 거 아니냐, 이번에 유출된 거 나왔는데 어떻게 하냐" 막 따지는 거야. 거기 거, 다 보니까 나이 드신 분이 많아. 근데 얘기를 진짜 기가 막히게, 조리 있게 막 이렇게 해갖고 종이에다 딱, 자기 얘기할 걸 딱 적어갖고 나이 진짜 한 60, 70 되신 분들이 뭐 사무처장이고 뭐 좀 회장이고 뭐 맡아. 그 친구 나이 또래이고 한 줄 알았더니, 나이 다, 다.

면담자   많으세요?

은지 아빠   연세가 높은 사람들이 딱 종이에다가 딱 A4 용지에다가 딱 적어갖고 자기 할 얘기를 쫙 적어갖고 얘기하는데, 조리 있게 얘기하는데, 아, 기가 막혀요. 그렇게 얘기해요. 암 말을 못 하드만, 그래 그 사람들? 그 해수부 직원들이 와서, 그렇게 얘기를 해버리니까 가만있어. 한마디도 못 해. 뭐 이렇게 태클 거는 게 없다니까. 그렇게 조리 있게 하니까. 아예 딱 A4 용지에 딱 적어놓고 자기가 할 말 다 얘기를 하는 거야. 조리 있게. 그러니까 그걸 1시간 동안 이렇게 앉아서 이렇게 했다가 이렇게 했다가(웃음).

면담자　　　동거차도 어민 주민분들도 나중에 인터뷰 자료를 남겨놓으면 좋을 거 같아요.

은지 아빠　　　아, 지금, 여기 있어, 녹음한 게. 그 예은이 아빠가 녹음해 달라고 해서 카톡으로 보낼라고 하니까 용량이 안 되는 거야. 그래서 예은이 아빠가 그 이메일 주소를 가르쳐줘 갖고 그 이메일로 금방 옮겼지. 나도 이메일 주소가 있으니까. 거의 1시간 동안 그거를 이렇게 녹음을 했었으니까.

면담자　　　(녹음된 내용을 들은 후 이어서) 이게 그러면은 거기서 주민분들이 자체적으로 준비한 내용을 얘기하셨던 거예요?

은지 아빠　　　응. 자체적으로 주민, 저기 어민들이. 그 이제 그 해경들이 이제 와요. 와가지고 그때 보상 문제, 작년에 보상을 안 했나 봐. 거기, 보상을 안 해줬나 봐요. 그러니까 이제 자꾸 얘기가 나오니까. 해경들이 동거차도 와가지고 상황을 설명을 하는 거예요, 하는데. 이제 어른들이 얘길 하는 거야. 문제가 있으니까. "이건 어떻게 하냐?" 그럼 해경들은 "신고해라". 그 증거를 봐야 되니까. "어? 그럼 보상해 주겠다, 그 증거 나오면". 자기들은 뭐 개인적으로 그 보험이 있으니까, 보험 들은 게, 그 지금 인양선에서 그 해 갖고 그 기름 유출된 그거에 대해서, 거기도 자체 보험이 있기 때문에. 그게 만일 그 유출됐다 그러면 그거에 대한 보험회사가 있으니까 청구해, 할 수 있다, 보험.

면담자   아, 그런 설명을.

은지 아빠   어, 어, "보상을 받을 수 있겠다" 그래 갖고 이제 "찍어 오라"는 얘기예요. "찍고, 그 증거물 가져오라" 이거야. 왜 지네들이 할 걸 왜 어민들을 시키냐 이거지. 이렇게 유출됐으니까. 어? 사진 봤잖아? 사진 보고, "야, 니네들이 유출했으니까 해라". 지네들이 해갖고 해경하고 조사를 해갖고 "어유, 문제가 있네?" 그래서 보상을 시켜줘야지 일일이 가서 그걸 다 해요. 신고 이거 증거 내고 사진 찍어갖고 보내주면, 나중에 갖다주면, "전에 증거로 보내준 사진 그 어뒀냐"고 그러면 "언제요? 모르는데요? 없는데요?"

면담자   아, 그래요?

은지 아빠   그러면 어떻게 할 거예요?

면담자   아, 예. 그렇죠.

은지 아빠   그러면 보상도 못 받는 거 아니에요.

면담자   사진을 넘기고 나면 그렇게 나올 수도 있으니까.

은지 아빠   어. 그렇게 나올 수 있으니까. 그래 내가 그때까지는 가게 안 만들지. 다 미리 얘기를 했지. 어민들 대책위에도 얘기를 했어요. "만일에 그, 해경에서 그렇게 해. 사진 찍고 증거물 내라고 하면, 일단은 사진을 찍어요. 그 증거물을 조금, 일부만, 일부만 갖다주고. 주고, 나머지 샘플을 보관하라" 이거야. "보관하고 냉동실 거기, 냉동실 보관이 되니까 보관하고. 사진은 찍어갖고 응? 그것만 찍지 말고 다른 거 몇 번 찍다가, 하나, 하나만 보내, 하나만 보내라"고 이거야.

면담자　　　그거를 아버님이 얘기해 주셨어요?

은지 아빠　　　예. 그렇게 해갖고 나중에 애네들이 그 뭐냐, 나 몰라라, "언제 보냈냐?"

면담자　　　하면은 다시 또 증거를.

은지 아빠　　　아니, 그렇게 나올 수도 있다 이거야. 딱 증거를 보여주라고. 그때 똑같은 사진을 보냈으니까 똑같은 사진에 날짜가 나올 거 아니야. 날짜에다가 그 증거자료 사진 찍을 거 아니야. 그거 찍어갖고 증거자료 그 자르는 거 모형까지 다 찍어야 하니까 그거 찍고. 보관한 거 딱 보여주라고. 그러면 된다고. 그러니까 하도 거짓말을 많이 하니까. 그렇게라도 해야지. 그렇지 않으면 그걸 갖다주면, 진짜 나중에 그냥 해주면 모르는데 이제 하기 싫으면, 또 그래요. "나 받은 적 없는데요? 누구한테 줬습니까? 어떤 직원한테 줬습니까?" 그 사람한테 왜 다른 데 보냈으면 어떻게 해? 모르잖아. "나 모르는데요. 인수받은 게 없는데요?" 그러면 어떻게 할 거야? 그러면 증거가 사라지는 거예요. 아무것도 안 남고. 이래도 못 타고 저래도 못 타고. 그러니까 거기 어민들도 뭐 굉장히 해경들에 대한, 주변이 해경이니까 알잖아요. 아는데도 그게 이제 사람 일은 모르는 거야.

우리도 주위에 알다가 그런 사람들이 해경에 있던 사람들이 그 짓을 하는데. 대통령도 그렇게 하는데. 그 사람들은 안 할 거 같아요? 똑같은, 같은 동네 사람이라도? 그러니까 동넨데, 아는 사람이야. 경찰, 해경하고 아는 사람인데도. 거기도, 동거차도도 아는 사람이 많아요. 해경 쪽으로 아는, 검찰 쪽으로 아는 사람이 있는데도 그 사람들이 만일에 응? 우리처럼 당했을 때, 똑같은 상황을 당했을 때 그렇게 나 몰라 해버리면 어떻게 하냐고. 사람의 말이란 게 제대로 확실한 걸 모르니까. 그러니까 "확실한 증거를 남겨라" 얘기를 했었어요.

면담자   3차 인터뷰 같은 경우에는 지난 1년의 삶을 이렇게 회상하면서 하는 얘긴데 오늘 많이 돼가지고 일단 제가 돌아가서 검토를 좀 하고 연락을 드려서 다음에 인터뷰를 잡는 걸로 하겠습니다. 오늘은 여기 이쯤에서 인터뷰를 마치겠습니다.

은지 아빠   네, 고생하셨습니다.

3회차

2015년 12월 8일

1
시작 인사말

면담자　　본 구술증언은 4·16 사건에 대한 참여자들의 경험과 기억을 기록으로 남김으로써 이후 진상 규명 및 역사 기술에 기여하고자 합니다. 지금부터 한홍덕 씨의 증언을 시작하겠습니다. 오늘은 2015년 12월 8일이며, 장소는 안산시 단원구 양지자활센터입니다. 면담자와 촬영자는 장미현입니다.

2
교실 존치와 관련된 상황들

면담자　　지난번에 뵀을 때가 10월이고 오늘이 12월 8일이니까 거의 한 달 반 만에 뵙는 거 같아요. 그동안 별다른 일은 없으셨나요?

은지 아빠　　회사 사람들하고 오랜만에 회식하고 그때가 마침 또 금요일이어서 동명[안산시 선부동 동명상가]에서 피케팅을 했다고. 거기서 내가 [회사 사람들에게] 내가 교실에 대한 존치 그거 서명해 달라고 하니까 "알았어요. 당연히 해줘야죠" 하더라고.

면담자　　○○이는 좀 어때요? 언니가 다녔던 단원고를 가겠다고 계속 얘기하나요?

은지 아빠   지금도 그래요.

면담자   그래요? ○○이가 "단원고 가겠다"고 했을 때 아버님은 뭐라고 하셨어요?

은지 아빠   분명히 나는 "웬만하면 거기 가지 마라"고, 어차피 우리 큰애가 그렇게 됐고 똑같은 그 상황이 또 일어날 수도 있으니까. 지금도 그 학교에서 제대로 되는 게 하나도 없는데 "웬만하면 가지 마라. 굳이 또 언니 있는 데 가야겠냐"고. 나는 지 마음대로 가는 거면 반대를 잘 안 하는데, 요번에는 웬만하면 반대를 하고 싶다고.

그러니까 학교는 교실을 빼려고 하는데, 우리는 [아이들 교실이니까] 못 빼죠. 이제 단원고랑 재학생 부모들은 분위기상 학교 이미지도 안 좋고 뭐 그러면서 [교실 존치가] 안 좋다고 하잖아요. 그거를 우리가 감안을 해갖고 작년 9월 달에 그거를 했었었다고. 교육청하고 재학생 부모한테 [교실 존치 방안을] 제안하려고 설계사한테 부탁을 했다고. 그래서 "니네는 제안을 안 냈으니까 이렇게 우리가 제언을 냈다". 그거 보라고 설명회를 할라는데, 그냥 흩어진 거야, 싫다고. 보려고도 하지도 않고 듣기 싫다고 가버리는 거야, 싸움만 나고. 어차피 우리는 애들을 보냈지만은, 아직 우리[아이]는 재학생이야. 우리 애들 사망신고도 안 됐어요. 그러니 우리도 아직 재학생 부모란 말이야. 근데 왜 이거 가지고 자꾸 그러는지 내가 이해가 안 가. "아직도 우리는 재학생 부모다. 우리 애들 살아 있다. 지금 사망신고 안 했는데 무슨 유가족이냐, 니네하고 똑같다"고. 그러고 또 아직 [미수습자] 애들이 안 나왔단 말이에요. 구조를 다 못했으면 애들 시신이라도 건져서 수습은 [해야] 될 거 아냐. 그것도 다 안 된 상태에서 학교[교실] 빼주라는 거는…. 졸업식 하고 빼라는데, 걔네들[미수습 학생]은 어떡할 거야? 걔네는 졸업 안 시킬 거야? 나와야 졸업을 시키지. 나올 때까지는 어떻게 [교실 존치를] 하든가 해야지, 나오기 전부터 그렇게 하면 되겠냐고. 지 새끼가 바닷속에 있어갖고 나오도 못하는데 당신 같으면 어떻겠냐고, 입장을 좀 바꿔서 생각해 보라고. 우리 애는 수습을 했단 말이야. 근데 만약에 내가 [은지를] 수습 못 하고, 진짜 거기 아직도 내 애가 있다고 그러면 나는 돌아버리지, 안 그래요? 그런 부모들이 지금 호소하고 있는데, 당신 같은 사람들이 자꾸 교실 뺏을라고 하는 건 상당히 내가 이해하기가 되게 힘들다 이거예요.

면담자   아버님의 그런 심정을 재학생 부모님들 하고 같이 얘기해 보신 적 있으세요?

은지 아빠   얘기를 할려고 해도 이렇게 벌써 싸움이 되는 거야, 들어갈 때부터. 내가 "가만히 듣기로 하자" [해도], 싸움을 하면서. 또 거기에 재학생 부모들 중에 [학교운영]위원장이 있어요. 그 사람이, 서로 그냥 편하게 얘기를 하게 유도를 해야 되는데, 유도를 안하고 방해를 하는 거야. "나갈 사람 나가라, 듣기 싫으면 나가라"는 식으로. 또 거기 끄나풀 같은 게 있어요. [학부모들이] 안 나가니까 이제 몇 명이 나가는 거야, 그러니까 다들 우르르 나가는 거지. 사람들은 그러잖아요, 누가 몇 명 이렇게 "나가, 나가" 하면 막 나가게 돼.

면담자   그러니까 모여서 서로 대화를 하려고 했는데,

은지 아빠   모여서 얘기를 해갖고, "우리는 교실을 빼되 대신에 대안을 마련해서 니네들 학생[재학생들] 공부할 수 있는 공간을 만들어주고, 우리는 그대로 존치를 한다" 이거야. 니네 교육하는 데 방해를 안 하게 해주겠다고 [제안을] 그렇게 딱 만들었다고. 공사 기간도 얼마 안 돼요. 그거 설계사 하는 사람이 "이거 얼마 안 된다, 공사 금방 된다". 작년 9월 달에 했었으면, 거의 이제 공사 끝날 무렵이 된단 말이야. 왜 그때는 그렇게 [우리가] 사정, 사정하면서 얘기를 그렇게 했는데도 그때는 지네들이 무시하고. 이제 와서 우리가 못 빼겠다니까, 빼달라고 그러는 거지.

면담자   혹시 유가족 부모님들 중에서 현재 단원고 재학생의 부모님들이 계세요?

은지 아빠   있어요.

면담자   있죠? 동생이 재학생이든지.

은지 아빠   있어요, 신입생 중에. 지금 저기 (한숨) 유가족 부모 애들도 있어요. 그러니까 동생들이지, 올해 들어온[입학한] 애들.

면담자   그런 부모님들은 심정이 많이 복잡하실 것 같아요.

은지 아빠　　　복잡하죠. 근데 내가 생각하기에는 애들을 거기에 입학시킨 이유가, 동생들 들어갔으면 재학생 부모니까 얘기할 근 거가 있잖아.

면담자　　　그 부모님들은 논의하는 데 얘기하고 참석하시나요?

은지 아빠　　　참석도 하시고 그러고 얘기 많이 하죠.

면담자　　　아버님도 내년에 ○○이가 단원고에 입학하게 되면 재학생 부모가 되시는 거잖아요.

은지 아빠　　　근데 내년에 입학을 할지 안 할지 그건 몰라요. 〈비공개〉 그리고 거기 들어가게 되면 또… 같은 또래 애들 있지만 선배들이 또 유가족 뭐, (면담자 : 동생이라고) 네, 동생이라고 왕따를 시킬라 그런다고 할 수도 있고, 조금 걱정이 되죠. 〈비공개〉

3
4월 16일 당일

면담자　　　어머님 편찮으신 거는 계속 치료하고 계세요?

은지 아빠　　　그 전에 치료를 받았었는데, 그러고는[참사 이후부터] 몇 달을 치료를 못 받았다고. [치료를] 받을 수가 없어요. 정신이 어떻게 따라갈 수가… 힘들어서…. 그맘때는 애들도 힘들었죠, 다른 사람한테 맡겨갖고. 웬만하면 안 맡길라 했었는데…. 근데 그때 그 상황이면 누구한테 맡길 사람도 없고.

처남도 같은 회사에 다녔기 때문에 이제 처남이 와서 애들 좀 봐주고 그랬었다고. [4월 16일] 딱 아침에, 그때도 야간[작업조]이었었어요. 야간이어서 내가 아침에 딱 일어났는데 뉴스를 딱 보니까 "단원고" 뭐 해갖고 뜬 거예요. 딱 보니까, 이제 우리 애는 아니라 그랬지. 그러고 이제 막 전화하려고 그랬더니 "구조가 됐다"는 얘기야. "아, 그러냐". 그때 처음에 심정은 그랬어요. 이제 구조가 됐더라도, 얘가 되게 놀랬을 거 아니에요? 그 상황이면 그 바닷물 차갑고, 놀랐을 거니까 '아이고, 살아도 힘들 거 같아'. 바닷물[에] 떴다[떠 있다] 보면 옷이 젖었을 수 있으니까 옷을 좀, 마땅히 준비할 건 별로 없으니까, 따뜻한 옷을 몇 개 해갖고 준비를 했다고요. 준비를 하고 회사 측에는 전화를 했죠. 전화를 했는데, "이런 상황이라 갔다 오면 한 이틀 동안 연차를 써달라". 그냥 [회사에서는] "그렇게 잠시 봤다가 [회사 복귀]하면 안 되냐". 막 그런 식으로 얘기해 갖고. "아니다. 그래도 가야 한다. 딸이 놀랬을 테니까 내가 데리고 와야 하니 갔다 오겠다" 그래 갖고 거기, 은지 엄마가 학교 먼저 가고 나는 좀 있다, 옷이랑 이렇게 챙기고 갔죠, 학교에.

가니까 뭐 그 상황이 [말이] 아니야, 딱 보니까 실종자 명단이나 살아 있는 생존자도 명단에 쫙 나오는 거[가] 아니라. 그것도 막 개판이었어요, 살아 있는 사람[이라도] 찾은 것 같지 않고. 거기서 막 싸우고 그러다가 [안산]시청에서 [전세버스를] 배차를 한 거야. [부모들이] 그 정신에 인제 운전을 하면 사람들 사고 난다고. 그래 갖고 버스를 대절해 갖고 갔어요. 그때는 몰랐었는데, 이제 와서 생각을 딱 해보니까, 버스를 타고 가는 도중에 뒤차가 늦게 왔단 말이에요. 처음에는 차가 3, 4시[12시에서 1시 무렵]에 출발을 했어요. 그 차라도 빨리 출발했으면 먼저 갔을 거 아니에요. 어디 휴게소 근방에서 근데 기다리는 거야. 차가 다 온 다음에 한꺼번에 간다고 지연을 시키는 거야. 뭐가 문제가 있으니까 자꾸 지연을 시키는 거지.

면담자　　　천천히 갔군요.

은지 아빠　　　천천히 가고 길 모른다고 헤맨 거야. 그리고 앞에 빽차[경찰차]가 갔단 말이에요. 그러면 [다른 차들이] 다 비켜주게 가니까 빨리 간단 말이야. 그런 것도 아니고 [길을] 모른다고 헤매고 있었다니까. 그냥 우리가 사고 터지고 그 후에 진도나 팽목을 몇 번 왔다 갔다 했었잖아요. 내 애는 나왔는데 다른 애들 안 나왔으니깐 그 위로차 팽목에 [미수습자들이] 빨리 나오라고 기도할라고 갔는데, 그렇게 몇 번 타다 보니까 '이렇게 빨리 가는데 왜 그때는 왜 그렇게 지연을 했을까?' 그리고 [사건 당일에는] 분명히 아침에 출발했는데, 거기 진도체육관으로 갔을 때는 깜깜했었거든. 그때는 제정신이 아니니까 시간이 몇 시인지 시간을 안 본 거지. 근데 아침에 출발해 갖고 거기 도착하니까 깜깜했다는 거 아녀. 깜깜했다는 거는 그거 시간이 엄청 지연되었다는 거 아녀. 휴게소 들러도 뭐 화장실만 잠깐 보고 "다 타고 갑시다" 하고 갔단 말야. 뭐 휴게소에서 먹고 그런 거 없고, 무조건 타고 갔다고. 근데도 시간이 그렇게 걸린다는 게…. 근데 평소에는 진도 가면, 두 번을 쉬어 가는데도 그렇게 시간이 안 걸리거든요. 지연하느라고, "차가 맥힌다, 길을 모른다 어쩌고저쩌고" 해갖고. 왜 길을 몰라? 어차피 경찰차가 앞에 가면 그다음에 또 그 지역 경찰차가 교대를 해요, 길을 모른다고. 목포에서도 목포경찰서에서 했다는데.

면담자   경찰차가 교대하는 걸 보셨나요?

은지 아빠   그렇게는 몰라도, 아마 그렇게 한 거 같아요. 뒤에서 빽차가 와서 교대하는 지, 앞쪽에 있어서 교대하는지는 잘 모르고 어설프게 봤는데, 그렇게 한 거 같아요. 지역마다 가면서 이렇게 바뀐 거예요. 그러니까 바로 알 수 있잖아요. 그러면 목포에 갔으믄 길을 아니까 그냥 가면 되지, 그죠? 그리고 그때는 또 네비게이션으로 딱 하면 되는데 굳이 길을 모른다고 막 지연을 시킨 거 같애.

4

세월호 사건 수습 과정에 대한 의구심

면담자   버스 타고 진도로 내려올 때도 천천히 왔는데, 침몰 현장으로 접근하시는 것도 굉장히 어려우셨죠?

은지 아빠   거기서 [팽목항에서] 현장까지 가는 데 뭐 고속정으로 1시간이 걸린다고 그러대요. [그런데] 동거차도 들어갈 때는 뭐, 동거차도가 현장이잖아요. 동거차도도 일반 배로 갔을 때 1시간밖에 안 걸려, 1시간도 안 걸려요. 이러니까 걔네가 거짓말한 거라고 그게 다 추측이 가는 거야. 지금 생각해 보니까, 지네들 해경 고속정으로 해가지고 1시간이 걸린대. 아니, 씨발, 그냥 일반 통통배 갖고도 1시간 걸리는데, 그건 말이 안 되는 거지. 고속정으로 가면 빨리 가니까 거의 30분[밖에] 안 걸리겠지.

면담자   실제로 동거차도에 인양 작업 감시하러 다녀와 보니까 침몰 현장까지 그렇게 시간이 많이 걸리는 데가 아니었다는 거죠?

은지 아빠   네, 그때도 1시간 걸린다고 그랬어요. 근데 해경은 고속정이란 말야, 일반 배보다 속도가 빨라요. 우리가 일반 배로 동거차도 가고 현장까지 들어가면 1시간 정도면 가요. 우리는 어차피 이렇게 돌아 들어가거든요. 왜냐면 그 인양하는 데에 가서, 중국 사람들한테 [보라고] 중국어로 현수막 이렇게 걸고 한 바퀴 돌아요. 그렇게 해도 1시간밖에 안 걸리니까, [실제로는] 1시간도 안 걸려, 한 50분 걸리려나?

면담자   해상에서 인양 작업을 촉구하는 현수막을 가지고 돌아 들어가도 1시간이 안 걸린다는 거죠?

은지 아빠   아니, 돌면 1시간 걸리죠. 한 20분 정도 [인양 작업 현장 근처를] 이렇게 빙 돌아서 회전을 하니까.

면담자   그렇게 고의로 지연하는 것이 아닌가 하는 의심을 언제 하시게 되셨어요?

은지 아빠　　　그러니까 겨를 없었는데, 집에 있다 보니까 그 생각이 나는 거야. '아, 그때 왜 그렇게 했을까?' 실질적으로 단순하게 좀 생각을 했죠. 옛날에는[당시에는] 현장에서 그거를 갖고 지연을 시켰어. [희생자 가족들은] 모르거든, 그때는 제정신이 아니고. 일반적으로 봤을 때는 되게 시간을 끈 거 같애.

면담자　　　그런 얘기를 혹시 주변에 다른 부모님들하고 나눠보셨어요?

은지 아빠　　　요번에 특조위[4·16세월호참사 특별조사위원회] 한다고 하는데, 그거를 내가 얘기를 할라고 하다가 못 했어. 뭐 하다가 얘기가 나왔는데, 그 조사 항목에 대한 신청을 하라고 하더라고. 그때 신청할 때 했어야 되는데, 그러니까 지연을 시킨 이유가 뭔지를 모르겠다고. 그때 사고 났을 때 앞에 차가 먼저 가야 될 거 아녀. 그 [앞에] 세 차만 해도 [부모가] 120명인데, 먼저 갔으면 상황을 바꿀 수도 있었죠. 먼저 도착해 갖고 상황을 파악하고 가서 [어떻게든] 할 수 있잖아요. 근데 그걸 한꺼번에 가야 한다고 해갖고….

그리고 또 진도 가가지고 진도체육관에 인제 일부 부모들은 내리고. 인제 "[목적지가] 거기다" 그랬는데, 나는 사고현장을 가봐야 되니까 그게 아니었다고. 사고현장에 가봐야지, 체육관에 있으면 뭐 해요. 가서 어떻게 상황을 봐야 되니까 나는 그냥 거기서 팽목으로 간 거예요. 팽목 가서 딱 보니까 아니거든.

면담자　　　팽목항에 도착한 이후 상황에 대해서 지난 구술 때 말씀해 주시긴 했지만, 혹시 좀 더 보충해서 기억나시는 게 있으세요?

은지 아빠　　　그때도[1, 2차 구술 할 때도] 팽목 얘기가 그렇게도 생각이 잘 안 났다고, 고생한 것만 생각나고. 그게 뭐냐면 그 상황일 때는 '우선 딸을 [구하는 게] 우선이다'. 그때는 자기 자식을 위하니까 뭐 다른 사람들을 신경 못 쓴 거지. 그러니까 팽목엘 가도, 바로 현장을 가갖고 했어야 되는데, 배편도 없고 거기서 동동거리고 그러고 있었으니까. "지금 당장이라도 현장에 가봅시다"[라고 했더니] 아, 그 사람은 "늦어서 못 간다"[라고 해요]. "아, 늦어도 왜 못 가. 가면 가는 거지" 그렇게 [하고서라도] 갔어야 되는데, 안 갔던 게 좀 후회가 되고…. 밤에 그렇게 해서 어떻게든 가긴 갔었다고. 침몰됐는데에 갔는데…. 침몰… 침몰되기 전에 갔어야 되는데……. [세월호가] 침몰하고 뒤집혀서 뒤꽁무니가 이렇게 남았을 때, 그때 막 바지선 타고 현장을 가봤어요. 가까이도 못 가고 멀리 가서 봤어. 그때는 배가 뒤집히고 나서 약간 위에 떠 있었죠.

그때 학생들이 문자를 했다는 얘기가 있었어요. "학생들이 어디에, 휴게실에 살아 있다" 그런 얘기가 많이 나왔어요. 근데 그게 그때는 거짓말이 아닐 수 있었다니까. [선체가] 약간 떠 있을 공간이 있으니까 그럼 잠수를 투입해 갖고 들어가서 [구해야 하는데] 걔네들은 "아유, 희망이 없다"고 막 이런 식으로 유도하고 얘기를 한 거야. 아니, 이 인간들이 희망이 없대. 우리나라에 잠수하는 기술이 있을 거 아녀, 또 민간인들 와갖고 자기네들이 돈 안 받고 지들끼리 잠수하러 들어가겠다는데, 해경들은 왜 막았냐 이거지. 이유가 뭐냐니까? 걔가 죽든 살든 들어가서 확인해야 할 거 아녀. 혹시 몰라, 또 몇 명이라도 살아 있는 애들이 있을지? [선체가] 이렇게 떠 있으면 공기가 안에 있다는 얘기 아냐, 그게 떠 있었으면. 그거 보면 저기 옛날에 뭐더라?

면담자　　　〈다이빙벨〉?

은지 아빠　　아니, 〈다이빙벨〉 말고, 옛날에 그 영화에서 나온 거 있잖아요.

면담자　　　〈타이타닉〉?

은지 아빠　　예, 〈타이타닉〉. 그런 식으로. 그것도 배가 뒤집어서 들어갔단 말이야, 그 큰 배가. 그럼 안에 공기 공간이 있을 거 아녜요, 조금이라도. 그 공간에 의해서 살아 있으면 그 상황에서 들어가야 되는데 안 들어가고. 그 배 꽁무니가 나올 때 그게 뭐 뜯어지나? 그거 뜯을 시간에 들어가면 되지. 잠수부, 지네들은 그 장비도 없단 말여? 근데 민간 잠수사들이 장비까지 다 그, 챙겨갖고 왔단 말여. 그 사람들은 그전에 내가 한번 물어봤다고, 애들 화장할 때 수원에서. 화장할 때 그 사람들이 왔었거든요. 갔더니 자기가 "들어갔다" 그러더라고. 그래서 그런 얘기를 막 했어요.

면담자　　　잠수사분들이 은지 장례식장에 오셨었어요?

은지 아빠 　　아니, 은지 장례식장이 아니라 화장하는 데 거기 왔었었다고. 거기가 많이 오고, 그때 화장할 때 사람들 많이 왔던. 그런 얘기를 해갖고 가서 들어봤더니, 그런 얘기를 하는 거야. "지들은 장비도 없고, 우리는 장비 다 챙겨갖고 들어가겠다는데, 왜 못 들어가게 하냐"고. 그리고 그 사람들도 옛날에 천안함 때도 들어갔었단 말야, 잠수해 갖고. 그런 경험이 있는데 왜 못 들어가게 하냐고, 같은 서해 바다인데.

면담자 　　그러니까 '왜 구조를 안 했을까' 하는 생각이 많이 드시는 거죠?

은지 아빠 　　예. 충분히 할 수 있는데도 '왜 저 사람들을 요청 안 했을까? 일부러?' 꼭 '일부러'가 보여요. 그게 고의성이 보인다니까.

면담자 　　언제부터 그런 생각이 강해지셨어요?

은지 아빠 　　좀 됐어요. 한 6개월 정도 됐나? 그 정도.

면담자 　　올해 들어서 인제 그런 생각 많이 드셨어요?

은지 아빠 　　응.

5
특조위 활동에 대해서

면담자 　　요새 가족협의회에서 특조위 활동에 주력하고 계신

159
3회차

부모님들이 많이 계시구요. 특조위에서도 구조 상황에 초점을 맞춰서 조사를 하려고 하고 있잖아요. 그런 특조위의 방향에 대해서 아버님 생각에는 제대로 가고 있다고 생각하세요?

은지 아빠   이제 지금은 약간 뭔가 모질라는데, 자꾸. 그 특조위라는 게 특별한 그런 거잖아요. 근데 특별한 조사를 하기 위해서 만든 건데, 외국의 사례를 보면 완전 틀려. [특조위 위원이] 툭하면 "그만둔다", 툭하면 "사표 쓴다" 그러잖아. 그만두라 그러고 그 사람한테 한번 물어보고 싶은 거야, 그 사람한테. "당신 국민들이 당신을 뽑아줬단 말이야, 일을 해라"고. "'아, 나 씨발 도저히 못 하겠다, 때려치겠다' 그러면서도 진짜 사직서 낼 거냐?"고 [물어보고 싶어요. 그런데] 안 하잖아요. 가서 물어보고 싶어, "사직서 낼 거냐"고. "니네들 불만 있네? 아, 씨발 못 해. 때려칠 거야" 그런 거 보면 꼭 그런 생각이 나, 꼭 애들같이. (면담자 : 떼쓰듯이) 어, 애들같이 "아이씨, 안 해. 나 그만둘래". 일하기 싫어 갖고 "그만둘래" 그러는 거 하고 똑같애. 그때도 그랬어요, 내가 처음 특조위 갔을 때 봤을 때.

면담자   특조위 회의를 가서 보신 적 있으세요?

은지 아빠   응. 요번에 한 번 갔을 때 봤어요. 봤는데 그때도 "그만둔다", 뭐 해갖고 예은이 아빠가 "뭐가 잘났냐?"고 막 해갖고 싸운 적도 있었다고. '대통령에 대한 거를 조사해야겠다', 딱 하면 조사를 해야 될 거 아냐. 죄가 있으니까 조사를 해야겠다는 거 아냐. 그러면 죄가, 그 사람들은 뭐라고 [조사를] 거부하니까, 죄가 없으면

은지 아빠 한홍덕

"아, 조사해" 조사하라고 하면 될 거 아냐.

근데 그것도 외국 사례 보면, 대통령 면담해 갖고 하는 걸 봤거든요, 미국 대통령을 9·11테러 대할 때. 그걸 보면 또 틀려. 그 사람들은 다 면담한다니까. 자기 얘기를 다 해요. 사고 났으니까 거기에 대한 조사를, 대통령을 조사하니까. 어떻게 진행이 됐는지 조사를 할 거 아녀. 그거를 대통령이 거부를 안 한단 말야. 잘못도 있지만은, 국민들에 대해서 보호조치를 못 했으니까 잘못 있을 거 아냐. 국회에서 그걸 얘기해 주고 막 하는 걸 보면, 우리나라 대통령하고는 딴판이야. 그리고 대통령은 그런 말 안 했지마는, 국회의원들[도] 그래요. 국회의원인데 그렇게 한다는 게… 생각해 보면 너무 쪼잔하고, 생각이 나보다 모지란 거거든, 초등학생만도 못하는 거고. 뭔가 있으니까, 지들 걸릴 거 같은 거에 대해서 감싸는 거 같애. 우리나라 사람들 그러잖아요, 누가 잘못하면 지도 잘못한 것처럼 감싸 주고. 잘못하면 밝혀내야 되는데.

그러니까 [회의 석상에서] 그걸 물어볼라고 할라 그러다가 싸움만 날까 봐 안 했어요. 인간 같지 않아. 툭하면 사표내고, 퉁 시켜 놓으면 또 사표 내고, 거기 있는 돈이나 처먹고. 우리나라도 저걸 바꿔야 돼. 국회의원 일 안 하면 돈 안 주고, 일 열심히 하는 사람은 돈 더 주고. (면담자 : 성과급제로?) 응, 그렇게. 이거 뭐 일을 하든 안 하든 돈은 똑같이 받는데. 어차피 그거 다 세금이란 말이에요. 일을 해야 될 거 아냐, 일을. 우리는 노동자들이 일을 안 하고 으쌰으쌰 하고 집회하고 그러면 돈 안 준다고 그러는데, 국회의원은 일

161

3회차

도 안 하고 빈둥빈둥 어디 놀러 간다 해도 돈 다 주고. 그거 뭐야? 옛날처럼 비리꾼들 다 가마솥에 집어넣어야 돼. 그 수밖에 없잖아요, 아닌가?

면담자	요새 특조위 조사 등에 대해서 부모님들끼리 내부에서도 모임이나, 공부를 하시지 않으세요?

은지 아빠	어, 저는 없는데.

면담자	예. 외국 사례 말씀하시길래요.

은지 아빠	저는 없는데, 그런 거 많이 봐요. 유튜브나 그런 거 많이 보구요. 근데 다른 부모들은 공부를 해요. 건우 아빠가 그렇게 해요. 건우 아빠가 지금도 특조위에 인권위원 맡아갖고 그거를 자기가 보고, 또 가서 같이 만나갖고 얘기도 하고. 뭐 많이 해요, 지금도. 가끔 "밥 먹으러 가자" 하면, "공부해야 돼". 공부해야 된다고. 공부해야 가서 같이 토론하고 그렇게 해야 된다고. 자기가 아는 거, 그쪽에서 아는 거 같이 해갖고 준비하고 있다고. 청문회 하니까 거기에 대해 질문을 해야 되니까, 질문에 대한 걸 공부도 하고, 알고 있는 거 서로 공유하고 하는 거야.

면담자	아버님은 그럼 옆에서 많이 들으시는 거예요?

은지 아빠	그런 건 없는데, 그냥.

면담자	그럼 아버님은 외국 사례나 이런 것들을 나름대로 찾아서 보세요?

은지 아빠 한홍덕

은지 아빠　　　외국 사례도 보고. 좋은 거 있으면 "아, 좋은 거 있더라" 하고 그렇게 얘기를 하고. 근데 가끔 가족들 만나면 이런 얘기를 해주고. "이런 외국 사례가 있다"고 내가 본 거를 가지고 내가 다른 사람들한테 얘기를 해줘요.

면담자　　　3반 부모님들도 특조위 활동에 관심이 많으세요?

은지 아빠　　　그죠. 거의 하는 편이니까.

면담자　　　특조위 활동 같은 데는 아버님들이 특히 더 관심이 많거나 하지는 않나요?

은지 아빠　　　아니, 어머니들도 많이 해요. 나올 때도 보면 거의 어머니들이 많이 나오시고. 아버지들도 많이 나오시는데, 근데 안 나오는 사람은 안 나오고. [그런 이들은] 처음에 거기서 "내 자식 죽이냐 살리냐" 그런 소리 하는 사람들도 있고…. [이제는] 정말 아무 소리도 없어요, 소식도 없어.

6
가족협의회 운영과 구성에 대한 의견

면담자　　　가족협의회에서 1월에 총회를 하신다고 들었어요.

은지 아빠　　　예, 다시 임원을 다시 뽑아야 되니까.

면담자　　　가족분들 중에 활동에 잘 안 나오다가 다시 나오시는 분들도 있으세요?

은지 아빠 　　안 나오다가 나오시는 분은 별로 안 돼요.

면담자 　　그럼 원래 나오던 분들이 하시는 거예요?

은지 아빠 　　그냥 기존에 있는 사람들이 활동도 해요. 그리고 또, 동거차도 가는데 갈 사람이 없으니까, 또 간 사람들이 가고. 안 들어간 [사람 가라고 나는] 안 들어갈라고 했더니, 다른 사람들한테 기회를 줄라 했더니, 서로 안 들어가고 막 미루는 거야. 당장 들어가야 되는데 사람이 없어요. 이번에도 승묵이 아빠가 혼자 들어가셨다고, 사람이 없으니까.

면담자 　　혼자 들어가셔서 힘드시겠어요.

은지 아빠 　　혼자 들어갔다고. 또 늦게 나왔어, 태풍 때문에. 아니 태풍이 아니라 비바람 치니까 배가 안 뜨는 거야, 파도가 높으니까. 승묵이 아빠가 들어가기 전에는 어머니들이 들어가셨단 말이에요. 어머니들 들어가고 승묵이 아빠가 들어가고 그리고 요번에도 그때, 영석이 아빠하고, 소연이 아빠하고, 도언이 엄마하고, 재강이 엄마인가? 네 명이 들어갔었다고. 근데 도언이 엄마하고 재강이 엄마는 바로 나왔어요. 또 그다음에 인제 4·16축구단인가 저기 들어가 가지고 요번에 금요일 날 들어가고, 그다음 주에 인제 제가 들어가고, 다다음주가 소연이 아빠랑 도언이 아빠랑 [들어가요]. 도언이 아빠도 활동을 안 했는데, 요번에 그냥 살살 꼬셔갖고 같이 하자고 [했어요]. 또 도언이 엄마가 같이 계셔갖고, 그냥 같은 동네에 있으니까.

면담자   도언이도 3반이죠?

은지 아빠   도언이 3반인데, 우리 집이 선부3동에 좀 가까워요. 영은이 아빠도 그렇고. 혜원이 아빠 있고, 예슬이 아빠도 있고, 예진이도 있고, 도언이 있고. 조금 가면 또 한양아파트에 저기 예은이 아빠 있고.

면담자   선부3동 근처에 3반이 많이 계시네요.

은지 아빠   예. 많이 있어 갖고 그냥 가끔 가다 들러갖고 술 한 잔 먹고 있으면 "나오세요" 하고 먹고 해요. 요번에, 다른 사람들은 별로 안 나오는데, 도언이 아빠는 또 가끔 만나는데, 먹다 보니까 나도 "도언이 엄마랑 같이 나오시라"고 [했어요]. 그때 만났을 때는 도언이 엄마랑 뭘 하고 나서 저녁이나 한 끼 먹었었다고. 그리고 "제가 은지 엄마 데리고 올 테니까 도언네 아빠 모시고 오라"고 해서 어디 중간쯤 해갖고. 거기서 모여서 얘기를 한 거예요, 요번에.

면담자   동거차도 들어가자고요?

은지 아빠   들어가는데 같이 좀 가자고 도언이 엄마가 얘기했겠죠. 그다음에 저도 얘기를 해갖고 왔는데. 도언이 아빠는 직장, 회사를 하고 있었기 때문에 그 일이, 사업이 좀 안 되다 보니까 접고 좀 휴식을 취하고 싶대요. 하다 보니까 "그럼 쉬는 동안 저랑 한번 갑시다" 그래 갖고. 아마 어제인 거 같다. 어제쯤 전화를 해갖고. 이제 그럼 "형님, 형님" 그래요, 제가. 나보다 [나이개] 좀 많아 갖고 "형님, 운동 좀 했어요? 동거차도 올라가면 거기 힘든데" 그래요[그랬어요]. 오늘은 또 도언이 생일이거든요. 아침에 문자 보내갖고, "도언이 생일 축하한다"고. 우리 반, 다른 반도 그렇겠지만, 다른 반은 페이스북으로 내가 축하 [메시지를] 받아서 다 올려줘요. "축하한다"든가 뭐 이렇게 올려준 거를. 내가 우리 반 사람들도 거의 내가 문자를 보내요. 이름 딱 해갖고 "축하드린다"고.

〈비공개〉

면담자   아마 가족협의회 총회에서 논의하실 수도 있는 사안인데, 만약에 활동하지 않으시다가 다시 활동하려고 하시는 분이 있다면 그분한테도 똑같은 권한 등을 주자는 의견도 있으세요?

은지 아빠   있어요. 있는데 뭐가 문제냐 하면은 원래 가족협의회를 이끌어 갈려면 인원도 문제지만 자체적으로 [운영 자금을] 해결을 못 해요. 그전에는 성금을 못 받았다고, 그게 받으면 불법적이라 해갖고 못 받는다고. 근데 가족들이 재단을 만들게 되면 그거를 받을 수 있거든요. '누가 성금을 내갖고 기탁을 했다' 그런 식으로 받는데, 그전에는 그거를 못 받았다고. 나도 뭐 하다 보면 누가 이렇게 성금을 줘요. 그러면 "아유, 지금 우리가 받는 게 아니다. 가족 임원들한테 전달을 해라", "성금도 못 받아요" [하고 얘기해요].

면담자   지금 가족협의회는 아버님, 어머님들이 내는 회비로

운영이 되는 거죠?

은지 아빠　　　네, 회비로 운영을 하는데. 그 회비가 가족당에 6만
원씩 해요, 한 달에.

면담자　　　많이 들어가네요.

은지 아빠　　　활동을 그만큼 해야 하니까. 활동비도 있고, 그다음
에 뭐 가족들 간담회도 전국적으로 가야 하기 때문에. 간담회 하
고, 피케팅해야 되고, 피켓 끝나고서 뭐 식사도 해야 되니까. 그렇
다고 뭐 안 먹을 수 없잖아요. 그리고 그거를 쓴다고 뭐라 뭐라고
하는 사람이 있기는 있는데, 그거 당연한 거 아니에요? 회비로 가
서 쓸 수 있는 거지. 그것도 피케팅하고 회비로 쓰는 건데. 그러면
"그거 아까우면 니가 가서 피케팅 서고 먹어라, 나는 아무 소리도
안 할 테니까" 그렇게 얘기해요. 회비도 지금 약간 적어 문젠데…
활동하는 거에 비해서 적죠.

　　　저기 차도 이제 렌트해 빌려갖고 그걸로 또 활동을 좀 하거든
요. 이제 피케팅 가고, 팽목, 동거차도 갈 때도 그 차를 이용을 해
갖고 교대할 때 타고 올라오지. 일반 버스를 타기로 하면 비싸니
까. 가족대책위 차가 있거든요. 분과 차량이 한 세 대 있어 갖고 그
걸로 광화문, 분향소 갈 때 이동할 때 한 대 몰고, 피케팅할 때 한
대 몰고, 동거차도 갈 때 한번 가고 올라오는 사람이 그것 또 끌고
오는 거야. 끌고 오면 그 차 또 다른 데 활동을 하고, 그런 식으로
하거든요.

그러니까 회비 같은 거는 처음에는 우리가 꾸준히 냈거든요. 근데 "그거 내기 싫다, 니네들 뭐 하는 거냐" 하는 사람도 있었어요. 회비를 안 냈단 말이야. 안 내고, 뭐 활동도 안 하고. 지금 방침은 그거죠. 그냥 "회비 안 낸 사람은 제외하자". 제외하자 그러는 걸, 나도 그런 얘기를 했거든요. "회비도 안 냈는데 그 사람들 뭐 그렇게 위하냐? 제외시켜라". 옛날에는 뭐 가족이라고 생각하고 했는데, 같은 아픔을 같이 겪었으니까 같은 부모로 이렇게 했는데 지금은….

나는 지금 그렇게 활동을 많이 한 것도 아니에요. 조금씩 하는데, 그래도 회비는 꼬박꼬박 낸다니까요, 빠지지도 않고. [그런데] 니네는 내지도 않으면서 그런 소리를 하냐" 이거야. "그런 사람들은 빨리 배제를 시켜버리고, 그러면 낫지 않냐" 그랬는데 이제 들어오는 사람들은 저기 하기로 했거든. 우리가 인제 회비를 계속 냈으니까 들어오는 사람들한테 회비를, 우리 낸 만큼의 기간이 있을거 아니에요. 한꺼번에 지불을 하든지 아니면 [우리가] 낸 만큼 그기간에 그 사람만 내고, 우리는 안 내는 거야.

면담자   그렇게 지금 논의 중이에요? 아니면 결정이 됐어요?

은지 아빠   그렇게 해야지 서로 그렇지. 나는 지금껏 냈는데, 그사람은 이제 턱 한번 내고 들어온다는 건 말이 안 되죠. 그리고 옛날 같으면 경조사 있으면 회비로 다 하는데. 어디 부모님 돌아가셨다든가 할아버지가 돌아가셨다든가 [하면] 가가지고 회비로 다 지

출을 하는 건데.

면담자   그래서 어떻게 결정이 됐어요?

은지 아빠   얘기는 그렇게 나왔어요, 확실한 결정은 아니고 "그렇게 하자"고. 그러니까 총회를 하게 되면 있는 회비 낸 사람들이 나와서 얘기하면 되는데, 안 낸 사람들은 안 나오고 그런단 말이야.

면담자   총회 때는 전부 나오시는 거 아니에요?

은지 아빠   선거권 같은 거 있잖아요. 그게 있단 말이에요.

면담자   임원을 선발한다거나 의사결정에 참여할 권리 말씀이죠?

은지 아빠   어, 뭐 선발할 경우 선거권이 있기 때문에 그 사람까지 다 해야 된다고, 원래 [회원으로] 포함이 됐기 때문에. 근데 총회가 자꾸 늦어져 버리니까, 총회가 안 됐을 때는 임원들 뽑기가 자꾸 미뤄지게 돼버리니까. 그리고 일주일에 뭐 안 바쁜 날이 어디 있어. 약속이라도 있고, 뭐 결혼식 있으면 가야 될 거 아니야. 그러면 참여를 못 한단 말이야. 그럼 그거 틀어져 버린다고. 그걸 다 포기하고 와서 참여했는데. 회비도 안 내고 그 사람들이 참여를, 안 와버리는 거야. 그러면 이게 인원수가 안 되는 거예요.

면담자   그렇죠. 정족수를 채워야 총회가 성립하죠.

은지 아빠   예, 근데 저기 요번에도 제가 [재단을] 설립하자고. 그거를 위해갖고 찬성이 돼야 되는데, 없어 갖고 위임장을 써갖고,

다 부모들이 가서 위임장을 받아 와서 했어요. 안 그러면 문제점이 있잖아요. 그러니까 "회비도 안 내고, 참석도 안 하고 [하면] 배제시키자. 있는 사람만 하자". 그래야 진행이 되니까. 그게 낫지.

괜히 뭐 하나, 한 건 이거 추진을 해야 되는데, 그럼 가족총회를 해갖고 모여서 얘기를 해야 돼. 그냥 자기 맘대로 못 한단 말이야, 그거를. 그거를 딱 규정을 만들어놔 갖고 자기 혼자는 못 해요. 아무리 집행위원장이래도 함부로 못 하게 만들어놨다고, 규정을. 그래 갖고 가족총회를 딱 모여서, 이거를 이렇게까지 내가 반대를 하고 싶냐고 반대를 하는 사람이 있고, 거의 찬성을 하는 시스템이에요. 그렇게 되면 안 나온 사람, 그때는 뭐 안 나오는 사람 몇 명 되겠어? 다 활동하는 사람들인데? 그 사람들[회비 안 내고 안 나오는 분들] 빨리 배제시키자 그러는 거야. 참석도 안 하고, 활동도 안 하고. "가족협의회 [활동]할 때 이런 이런 [것이] 있는데 같이 동행합시다". 활동을 안 해도 상관없는데, 안 나오다 갑자기 나와도 "그거[활동] 하자", 그러면 같이 당연히 해야 될 거 아냐. 안 해. 아예 안 나와버리고. 그러면 어떻게 하라고. 진행을 못 하잖아, 그 사람 몇몇 명 때문에.

면담자　　　유령 회원처럼 계시는 부모님들이 계시는 거네요.

은지 아빠　　　그죠. 자기네들이 배·보상을 받든 안 받든 우리는 상관없단 말야. 사정이 있으니까 받았을 거 아니에요. 그리고 뭐 임원이나 뽑을 때는 나와서 총회를 해갖고 자기 주권을 내세워야 될 거 아냐. 그것도 내세우지도 않고 그러니까 그런 사람들 때문에 우리가 꾸준히 나오는 사람들이 [진행이] 안 되는 거야, 인원수가 안 되니까.

면담자 　 중요한 결정을 해야 하는 회의들이 계속 미뤄지는 거죠.

은지 아빠 　 응. 이걸 결정을 해야지 빨리 진행을 하고 다음 단계를 또 하든지 해야 되는데, 이것도 아니고 저것도 아니고 진행이 안 되어버리니까 아무것도 안 되는 거야. 그러니까 그런 사람들을 아예 배제시켜 버리고, '니네는 니네끼리 놀아라. 괜히 우리까지 손해 보고 있는 이런 사람들도 활동하고 있는데, 그 사람까지 피해를 왜 주냐' 이거지. 할 필요가 없다는 거야. 끊어버려야 된다고. 같은 자식들 그렇게 겪었는데, 그렇게 해갖고 그 아픔을 겪었는데…. 그때는 그런 상황이었지만 '지금은 아니다. 우리들도 잘라버릴 건 잘라버리고 해야 된다'고.

그렇지 않으면 어떻게, 맨날 똑같애. 뭐 되는 게 하나도 없어요. 뭐 되는 게 뭐가 있었어요? 지금 특조위나, 애들 구조도 다 한다고 해놓고 구조도 하나도 못 해. 아니, 그거 못 했으면 시신이라도 다 수습을 해야 될 거 아냐. 시신도 다 수습을 못 하고. 인양해야 되[는데]도 인양을 뜨문뜨문 하니까, 인양하라니까 그때 인양해야 된다고 어디로 가. 특조위만 가도, 지네하고 특조위를 빨리빨리 진행을 시켜갖고 빨리 잡아낼 거 메꾸고 해야 되는데, 그것도 아니야.

그렇다고 선장하고 관련된 사람들 재판한다고 그러는데 그것도 놓치고 뭐 형량은 줄이고. 그게 뭔 짓이냐고. 재판장도 이해가 안 가. 지들도 봤을 거 아녀. 그 상황이, 지 자식이 그렇게 되면 지가 그렇게 형량을 줄까? 사형이지. 내가 옛날에 [세월호] 사고 터지기 전에 사례를 또 한 번 봤어. 어디 나라에서 그 배로 인해갖고 사람이 많이 죽었다고. [선장이] 지 혼자 도망갔어. 그 사람은 형량이 이천몇 년을 형량을 뜬 거야. 그까지 사는 거야, 2000년 동안. 그 사람 형량이 그거야. 사람 사는 게 100살밖에 안 되는데, 2000년 형이여. 대단한 거 아녀. 쟤는 더한단 얘기예요, 이 선장은 [형량이] 너무 약하고. 차라리 그러려면 내보내 갖고 얼른, 우리한테 맞아 죽든가(웃음). 우리나라는 너무 그게 그런 거 같애. 범죄 같은 것들을 가끔 봐요. 범죄에 관한 재판 같은 거 형량을 쫙 보면, '야, 이거 이런 형량이 있냐' 사람 죽이면 몇 년 안 되는데, 도둑질 하면 몇십 년 된다고. 이런 형량이 어디 있냐고.

면담자　　　그게 왜 그럴까요?

은지 아빠　　　그러니까, 아니, 우리나라는 뭔가 잘못 만든 거 같애. 죽인 사람은 좋게 [형량] 주고. 물건 훔친 사람은 몇십 년씩 주고.

은지 아빠 한홍덕

7
정부의 시간 지연 행위와 의심 가는 부분들

면담자　　정부에서 가족분들이 요구하는 것을 다 안 들어주잖아요. 그중에도 아버님 생각에 '아, 너무한다' 싶은 일이 있었나요?

은지 아빠　　원래, 원래 안 들어줬어. 그전에도 안 들어줬어. 우리가 광화문에 [농성할 때도] 그때도 특조위 만들어서 애들 진상 규명해야 된다고 두 번이나 왔다 갔다 했잖아요. 그때도 그렇게 얘기를 했는데도 안 돼. 그래서 이렇게 시간을 끄는 이유도, 저런 생각을 했어요, 나는. '이거 분명 될 것인데 왜 자꾸 시간을 끄는데?' 어차피 나중에 [특조위가] 됐잖아요. 어떻게든 지네들 [유리하게] 돌려갖고 됐단 말야. 그러니까 해줄 거 뭐 그렇게 뜨문거리냐고[뜸을 들이냐고]. 그걸 생각을 해보니까, 뭔가 인제 숨겨놓고 시간을 버는 거야. '니네 이거 해라' 맽겨놓고 하는 척하면서, '우리는 다른 거 할 테니까, 숨길 거 있으면 빨리 숨겨야 되니까'. 그런 식으로 하는 거 같애.

면담자　　뭔가 진실을 은폐할 시간을 확보하기 위해서요?

은지 아빠　　어, 확보하기 위해서. 그때 유병언이도 그거잖아. 유병언이도 어차피 [도피처인 금수원으로] 들어갔잖아. 들어갈 수 있는데 왜 시간을 버냐 이거지, 2주 동안에. 그럼 2주 동안 번다는 이유는 애를 빨리 다른 데로 외국으로 보내든지, 어디 딴 데 뭐 아무도 모르는 데로. 아무도 모르는 데가 청와대밖에 없거든. 우리가 청와대 들어갈려고 하니까 못 들어가게 하잖아. 그러니까 그 이유가 뭐여? 자꾸 그걸 연관을 시켜서 생각을 해보면, 유병언이 외국 가면 거기 외국에서 또 활동을 했으니까 [거기서] 얼굴을 모르겠어? 딱 보면 알겠지. 거기 또 인제 외국 사람 만났는데 막 얘기하다 보니까, 술도 한잔 먹을 거 아네요. 그러면 사람이 말이 튀어나와요, 그 말이. "아, 이런 상황이 있다" 그러면 그 사람이 아예 몰랐으면 몰라도 알게 되면 그런 [제보 같은] 것 다 하잖아요. 그러면 그 사람 뭐 "어디에 있다"고 그러면 거기서 [도피행이] 막혀져 버리는데, 근데 그렇지 않고 이 사람이 청와대 지하 벙커에서 살고 있다면 모르는 거야. 예상을 못 하는 거지, 전혀. 분명히 죽었다 그러는데, 죽은 거 같지 않아. 다른 데 시신 갖다가, 떠도는 시신 있잖아요. 가령 뉴스 잠깐 보면, 떠도는 시신이 많아서 길가에서 죽은 사람들 보관하는 곳이 있어요. 그런 식으로 해갖고 DNA 검사해 갖고 찾아가라고 하는 식으로 하는 게 있나 봐요.

그게 뉴스에 한번, 내가 어떻게 하다가 본 거 같은데. 그런 거 갖다가 똑같은, 비슷한 시신을 갖다가 해놓으면, 얼굴은 부패가 됐는데 모르지. 그러고 또 알아도, 이제 시키겠지. '니네 형량을 좀 줄일 테니까 유병언이로 해라. 네 아버지로 해라'. 그건 모르는 거예요. 아니면, 걔네들 와갖고 "우리 아버지 아닌데요" 막 우기면 어떡할 거예요, 우기면. 우기면 형량 막 높이고 뭐 협박을 했겠지. 조건을 달았겠죠. '니네 아버지라 하면 너 형량 줄이고, 니네 가족 뭐 안

은지 아빠 한홍덕

하겠다'. 그건 국가에서 했겠지. 그런 조건하에 그러니까 [외압을 통해서] 기자들도 그렇게 나오고 TV도 때리고. 방송사는 원래부터 잡았고.

팽목항에서 사고 날 때도 유가족 위해서 현상을 촬영을 해야 될 거 아니에요. 하나도 촬영을 안 하는 거예요. 일부 보여주고 다 잘라버리고 편집해 버리고. 제대로 보여줘야지. 그래야 국민들이 알지. 다 잘라버리고 보여준다는 거 자체가 벌써 국가에서부터 차단시킨 거예요. "하지 마라. 요거 조금만 보여줘라. 그냥 동네 사고처럼 해줘라" 그런 식으로 하는 거예요. 국가적으로 사고인데 이거는. 지가 안 했더라도, 그럼 [제대로] 해야 될 거 아니에요. 큰 사고인데, 300명 이상 죽었는데 그거를 대서특필해야지. 그거를 안 했잖아, 다 잘라버렸잖아요. 방송 나오는 대로 나오고. 하도 보다 보니까 유가족들이 막 카메라 때려 부서버리고 막 그렇게 했다고. 방송을 제대로 안 하고, 뭐 방송이 그러냐고. 기자들 사고 난 그 후에 막 뭐 "사죄한다" 뭐 그러는데, 개뿔이나 이제 와서? 사고 터지고 나서 아무도 모르는데? 지금도 안 하잖아.

면담자   지금 MBC 앞에서 1인 시위 하고 계시는 분들도 계시구요.

은지 아빠   네, 다 거기 있어요. 여기 분향소도 시민들이 와서 피케팅해요.

면담자   아버님, 유병언에 대한 생각은 유병언의 시체가 나왔을 때부터 그런 생각을 하셨어요?

은지 아빠　　　시체 나왔어? 그 사람이? 아닌 거 같애. 왜 그러냐면, 그 나오기 전에 방송에서 유병언에 관한 화면이 나왔다고. 근데 유병언이가, 그때 설명 들을 때는, 막 운동을 하고 저렇게 하는 사람이[라는데] 뱀, 코딱지 같은 뱀 하나에 물려가지고 뒈졌다는, 참 문제가 그것도 큰 거야, 그게. 그렇게 운동한 사람이 뱀 딱 오는데 확 잡아먹지. 잡아먹고 싶으면 그거라도 잡아먹지, 응? 그리고 또 그 사람이 보디가드가 항상 있잖아. 그런데 그 사람이 그렇게 죽을 리가 없지. 그리고 풀숲에서 뭐 하러 죽겠어? 그 사람이면 자기 한마디 하면 다 나머지 사람이 엄청 많은데.

면담자　　　원래 유병언에 대한 기사가 나오자마자 그런 생각이 드셨어요, 아니면 근래에 그런 생각이 드셨어요?

은지 아빠　　　그때 죽었을 때.

면담자　　　그때도 '거짓말이다' 이런 생각을 하셨어요?

은지 아빠　　　어, 딱 거짓말이라고. '저거 아닌데?' 쟤가 분명 그전에 운동한다고 운동하고 하는 거를 비디오에 보여주고 그러는데. '어, 운동하네? 그런 사람이 어떻게 뱀에 물렸다는 거는 말이 이상하다'. 나같이 운동 안 해도, 어디 물렸으면 거기를 쥐 매갖고, 옷을 찢어갖고 해서라도 더 [독이] 올라오지 않게 할 거 아니에요. 그 기본적으로 알잖아요, 뱀에 물려서. 그 사람도 도시에만 살지 않고 시골에서 살았을 거 아니에요. 기본적으로 그 정도 자기가 운동을 안 하는 사람도 다 안단 말이에요. 예방 작전 하는 게, 아니 뭐 손에 물렸다면 손을 이렇게 빼갖고 피를 빼든가 해야지. 운동하는 사람은 더 잘 안다고요, 조치를. 근데 그 뱀에 물렸다고 죽었다는 거는 조금 이상하고. 그 사람이 죽었다고 해도, 그렇게 안 죽을 거 같애. 누가 일부러 죽였을 수도 있어요. 일부러. 근데 그렇게 시체가 그렇게 좀 됐다는 거는 좀 문제가 있고. 경찰도 수색을 그렇게 했다는 데도 그게 표가 나. 이렇게 보면, 하여튼 거짓말하면 표가 난다니까는.

면담자　　　거짓말하는 사람들이 많다고 생각하세요?

은지 아빠　　응, 너무 거짓말이 [많아]. 정부 쪽에 너무 거짓말하고. 그 팽목 있을 때도 막 그랬었다고, 얘기를 할 때. 다 들어갔다고, 잠수를 들어갔다고 거짓말하고 뭐. 조명탄 뿌리고 몇백 발 쏘고 뭐 그랬었다고. 방송에서 그러면, 방송에서 뭐 몇십 대가 왔다고. 거, 바지선 타고 갔더니 군함 두 대에다가 뭐 어선 몇 대에다가, [그것밖에] 없어. 그 뭐야? 방송 때는 뭐 몇천 대, 몇 대, 뭐 비행기 몇 대, 헬기 몇 대, 군함이 몇십 대? 몇 대? 순 그 거짓말한 거 아냐. 그때 바지선 타고 침몰하는 현장에 가서, 여기 꽁무니 남았을 때 주위에서 봤는데, 군함이 그때 두 대인가? 그거뿐이 없고 나머지 뭐 해경 고무보트 왔다 갔다 몇 대 있고.

면담자　　　바지선 타고 나가서 보셨을 때요?

은지 아빠 　　예, 봤을 때. 거기는 현장이니까 그렇잖아요. 부모님들 거기 현장을 봤을 때, 나는 그 뒤에서 이렇게 봤단 말이에요. 이렇게 보니까, 어선들 거기 모여서 한 대여섯 대가 모여 있고, 그 근방에 그다음에 해경이 고무보트 한 서너 대가 왔다 갔다 하고. 그 근방에 군함들이 한 두 대인가 있었었어요. 근데 그 잠깐 내가 팽목에 있을 때 방송을 봤는데. 뭐 자막으로는 몇십 대 있고, 몇백 대 있고 막 그런 식으로 적었단 말야. 그거 순 거짓말 아니에요? 그 현장에 들어갔는데. 현장에 들어가기 전에 TV를 봤는데 그런 상황이야. 툭하면 거짓말시키고. 거기서 또 자기네들 잠수사 들어가서 본다, 어쩐다, 들어갔다 [하는데] 뭐 순 거짓말이고. 들어가지도 않고 거짓말이고. 거기서 뭐야 경찰청장이 와가지고 그런 얘기 했었고, 장관인가 그 사람이 와서 얘기를 했다고. 거기서 순 거짓말한 거야. 우리한테 말 돌릴라고. 지금 구조 중이라고 어쩌고 그냥. 안 하고 손 놓고 있는 상태에서 말로만.

　　거기다 시신도, 그때 18일 날쯤? 18일 날쯤 올라왔으니까, 그때도 비가 많이 오고 바람이 불었어요. 그러니까 배 속에 애들이나 선생이, 일반 사람들이 부피가 별로 안 되니까. 파도도 세고 해서 밀려서 시신이 올라오고. 또 그때 지네들이 들어가서 건져 오는 게 아니라, 위에 떠다니니까 건져 오는 거야. 그리고 이제 [시신이] 지저분하니까, 바닷물에 씻고 그런 게 좀 많았을 거예요. 거기 직접 가서 시신을 수습한 것도 아니고. 보면은 어디 가서 보관했다가, 시신 보관했다가 지네가 [수습]한 것처럼. 어차피 시신이 떠올라 올

거 아니에요. 그러면 그거 다 수습, 가져와야 되는데. 인제 시간별로 몇 구, 몇 구 한 거야. 그러고 그 물때가 시간이 있단 말여. 걔들이 물때 시간을 몰라. 그거를 맞춰서 딱 왔으면 내가 이해를 하겠다만, 물때를 안 맞추고 왔단 말야.

면담자   뭔가 수습 중간에 대기하는 시간이 있었을 거 같다는 말씀인가요?

은지 아빠   그죠. 건지면서 어디다 보관을 하고, 따로 보관을 하고 그다음에 몇 명씩 인제 지금, 몇맷 명씩 이렇게 해갖고. 한 번에 왕창 안 보내고 하루에 뭐 두세 번씩 왔다 갔다 해갖고 보내는 거야, 그런 식으로. 그게 그게 나는 그렇게 느껴요. 잘은 모르겠는데 나는 그렇게 느낀다니까, 어디다 보관하고 그런 식으로. 자기네들이 건졌다는데, 떠오르는 거 건진 거 같애.

그때 비바람 치고, 비가 많이 왔을 때 잠바에다가 그냥 골덴[코르덴] 바지인가 그거를 입고 갔었거든요. 춥잖아요, 엄청 추웠었는데 그걸 비 맞고 있었었어요. 우비도 없어 갖고. 막 이렇게 뛰다 보니까 비 맞는지도 몰라. 그거 신경도 안 쓰고. 나중에는 추워도 그래도 우선 봐야 되니까, 시신을 수습을 해야 되니까.

그러니까 수습하기 전에 시체 나오기 전에 거기서 있을 때 TV로 보고 있을 때, 배가 완전히 침수가 됐을 그 상황에는 아직 공기가 있었으니까, 애들이 있으니까, 빨리 구했어야 되는데, 구하지도 않았었잖아요. 배가 완전히 가라앉았잖아요. 가라앉았을 그 상황이 됐을 때 생각을 하는 거예요. 그 안에 공기가 없어서 [물속에] 들어갔다는 거 아니에요. 다 죽었다는 거 아냐. 그때부터 화딱지 나가지고. '끝났네. 인제 애들은 가망 없다'. 들어가 봤자 공기가 없는데. 떠 있을 때는 공기가 있으니까 그만큼 떠 있었을 거 아냐, 안에 공기가 있었으니까. 그러면 그때라도 들어갔으면 몇 명이라도 구했을 건데. 그때 딱 그 완전히 [물속에] 들어갔을 때 포기를 했어요. '이제 시신이라도 수습하자'.

면담자   수면 아래로 완전히 가라앉은 걸 보고 '가망이 없겠다'고 생각하셨네요?

은지 아빠   어, 그거 보고. 완전히 딱 들어갔을 때, 그게 딱 들어가고 나서 '아이고, 끝났다. 내가 들어간들, 거기 내가 들어간들 구할 수 있겠냐. 잠수사 들어가서 시신이라도 수습해 갖고 추운 데 [있는 아이들을] 따뜻한 데로 보내자'. 그 수밖에 없는 거예요. 그 상황에 더 이상은 뭐 방법이 없는데, 그때는. 그 생각하다 보면 애가 배 속에 있을 때 '진짜 힘들었겠다' 그런 생각을 했고. 춥고 깜깜하니까 무섭죠. 걔는 무서움 많이 타는데…. 친구들 있어도 무섭잖아요. 엄마, 아빠는 구할 수 있을 줄 알고 왔는데, 전화도 안 되지, 혼자 그거 이겨내야 되는데 죽음이 다가오니까 '내가 이렇게 죽어야 되냐' 억울하기도 하고. 힘들고 하다 보니까 그거를 내가 잠깐 생각을 해보면, 내가 거기에 똑같은 입장에서 들어갔을 때 '진짜 괴로웠겠다… 부모 잘못 만나갖고, 한창 행복할 나이인데…'. 그리고 아빠랑 또 화해를 하고 기분 좋게 갔는데 그 상황에서 그렇게 하다 보니까 내 마음이 괴로운 거예요. 엄청 힘들었어요.

그동안에 그 생각을 하면, 웬만하면 생각을 안 할라고 하는데, 자꾸 생각을 떠오르게 만드는 사람이 많아(한숨). 정부에서 그렇게 하니까 그 생각을 해, 일부러. 승질을 내갖고 이 새끼들 주 팰라고 '한 번만 걸려라. 뒤지게 맞아보자'. 근데 안 걸리네. 한 번 걸렸으면 뒤지게 패서 너 죽고 나 죽자 할라고. 죽지도 못하게, 죽을 때까지 패는데. 원래 죽을 때까지 패잖아요. 그때는, 그때 상황에서는 진짜 그 자리에서 죽이고 싶은 놈도 있었어요. 지금은 아니지. 안 죽이고 고통만 죽살나게[심하게], 영원히 고통만 있다가 보낼라고. 너도 한번 이런 고통 받아봐라. 똑같은 고통은 안 줘. 다른 고통을 줘야지(침묵). 그전에 같은 생각 있을 때는 '똑같이 니들 자식 데려다가 똑같은 너도 고통받아라'. 그런데 자식을 죽이는 건 아니야. 그렇게 안 해. 그 새끼를 데리고 가갖고 '고통이란 이런 고통이다, 너 한번 참아봐라'고.

면담자　　왜 그 사람 자식을 데리고 똑같이 하는 건 아니라고 생각하세요?

은지 아빠　　똑같은 자식인데 똑같은 생각을 하면 안 되지. 그 자식도 귀한데, 걔가 잘못됐지 걔 자식이 잘못된 건 아니잖아. 그전에는 그랬었어. 그전에는 '그래 너 똑같은 니 자식 데리고 그거 한번 해봐라. 너도 똑같은 고통을 받아봐라' 그렇게 생각을 했는데,

차츰차츰 생각을 하다 보니까 아니거든, 아니야. 걔 자식이 뭔 잘 못이야? 걔가 잘못이지. 걔를 데리고 가야지. 저번에도 김제동이 얘기한 게, 손이 있다가 한 손이 잘못했어. 근데 "니가 잘못했는데 너 잘라버려", 응? 그래 갖고 나중에 결론이 뭐냐면, "이게[손이] 문 제냐? 머리가 문제다" 이거야. 윗대가리가 문제다. 위에 걔를 잘라 야지, 걔 자식이 잘못한 거 없는 거니까 그래서 딱 이해가 되는 거 야. 그러니까 자식들이 문제가 아니잖아. 우에[위가] 문제이다 말 야. 위에 놈이 잘못하니까 걔네들을 고통을 줘야지, 왜 그 자식을 고통스럽게 하냐 이거지.

면담자 만일 순서를 매긴다면, 누가 제일 1위예요?

은지 아빠 그건 딱 알잖아요. 박근혜. 닭근혜(웃음).

면담자 2위는 누구예요?

은지 아빠 2위? 2위는 저기 김무성이. 김무성 개누리당. 그 새 끼가 설치지 않고 특위에서 빨리 만들었으면 지금 벌써 끝났을 건 데 벌써 2년 되고. 괜히 뜨문뜨문 해가[해서] 다른 사람한테 맡겨놓 고 지는 빠지고. 해수부도 어차피 박근혜가 "너 이렇게 해라" 시켰 으니까 그렇게 했겠지, 응? 게다가 해경들도 그렇죠. 해경들 해체 한다? 해체하긴 뭘 해체해요, 그대로 있는데. 이름만 바꿨지 똑같 잖아. 저번에 저기 어디여? 가재도인가 거제도인가 거기 사고 났을 때는 똑같은 상황을 그렇게 만들어, 그렇게 교육받는데.

8
활동을 지속해 나가는 동력

면담자   부모님들이 그동안 요구한 것들을 정부에서 안 들어 줬다고 하셨잖아요. 어떻게 보면 처음부터 들어줄 생각도 없었을 수도 있구요. 그런데 이런 상황이 닥치면 부모님들은 힘이 빠질 수 있고, 또 한편으로는 '오기로라도 내가 될 때까지 한다' 이렇게 생각할 수도 있는데, 아버님은 어떠신가요?

은지 아빠   그러니까 어떤 부모님들이 그래요, 우리같이 활동하는 사람들이. "옛날에는 오기로 하고 막 그랬었는데, 지금은 자식을 위해서 무조건 보낸 자식을 위해서 [활동]한다" 이거야. "내가 오기로 했었는데 지금은 내 자식 위해서, 남의 자식이 아니라 내 자식을 위해서 하는 거야. 내 자식을 위해서 피케팅도 하고, 내 자식 위해서 활동하고, 가서 간담회 얘기도 하고 그런다"고. 근데 그런 얘기가 와닿죠. 아직은 그렇게 내가 내 자식 위해서 한다는 게 별로 없으니까.

면담자   아버님이요?

은지 아빠   조금씩 조금씩 하기는 하는데, 다른 사람들처럼 많이 활동하는 사람하고 [비교하면] 조금 안 하는 편이죠.

면담자   투쟁 상황이 길어지니까 좀 지치기도 하실 거고요.

은지 아빠   그죠. 기간이 길어지니까 힘들죠. 그러니까 뭐, 그거라도 해갖고 버텨야 될 거 아녀. 그거라도 안 하면 뭐 하겠어요, 자살하는 거지. 최후의 싸움을 하겠죠. 그거를 아직 싸울 일도 많은데, 벌써부터 그렇게 생각하면 힘들고. 또, 주위에 또 [남은] 자식들이 있는 사람도 있겠고 또 없는 사람도 있을 거 아녜요. 그런데 그런 [투쟁] 상황이 되면 [남은 자식들이] 또 힘들고, 또 그걸 자꾸 자주 이렇게 보게 되면 주위에 또 그런 상황이 발생 안 하란 법이 없거든요. 그걸 봤을 때 좀 자식을 위해서 한다는 게 저는 좀 힘들죠. [남은] 자식이 있으니까, 자식들 보살펴야 되고. 겸사겸사하는 거예요. 활동을 좀 적게 하는 편이에요.

면담자　　　정말 몰입해서 활동하시는 어머님들도 계시잖아요.

은지 아빠　　예, 근데 그것도 좀 그렇죠. '너무 무리하는 것 같다…' 너무 무리해. 너무 그거 하나에 매달려 갖고 자기 몸은 생각 안 하고 하는 게 그게 보여. 그게 보이니까 "좀 쉬엄쉬엄 해요" 그러면 "아니야" [그래]. 그 얘기를 뭐, 점심을 먹든 뭐 그런 얘기를 했었어요. 그랬더니 그 엄마들이랑 부모들이 그래요. "자식 위해서 싸우는데, 그러니까 처음에 그거를 안 했었으면 그때 상황이었을 때는 자살을 했던지 포기를 했을 거다. 그딴 상황이 나왔을 거다" 라고 그런 얘기를 해요. 그러니까 지금 활동하는, 그거를 안 했으면 진짜 그렇게 생각을 했다는 거지. 아무 활동도 안 하고 집에만 있었으면 그렇게 됐을 거라고.

그걸 방지하기 위해서 가족위[가족대책위]에서도 [4·16]공방을

만든 거야. "나와라, 나와서 엄마끼리 모여서 뭘 만들지 해라". 그
걸 만들어놓은 거예요. 그걸 방지하기 위해서. 그전에, 이거 만들
기 전에 연락을 안 하고 그런 부모가 있었어, 엄마들이. 갑자기 연
락하다 연락이 안 오는 거야. 연락을 해봤더니 그 막 극단적으로
자살을 할라고 생각을 해갖고, 그렇게 있었단 말이야. 그걸 방지를
하자. 공방을 만들면 엄마들이 "여기 나와서 이거라도 하십시오".
아빠들은 끼리끼리 모여서 술 한잔 먹고 [그러는데] 엄마들은 그게
아니잖아요. 집에 계시고, 뭐 그리고 또 직장 다니다가 포기한 사
람들도 있으니까. 엄마들도 직장 나가도, 아빠들도 잘 안 간다고
하는데, 엄마들은 더 애 생각에 일도 안 되고 그러니까 집에만 있
는단 말이야, 나오기 싫고. 그때 상황은 활동도 많이 안 했었고 집
에만 있으니까 이상한 생각만 하시고 그러니까 그걸 위해서, 방지
하기 위해서 [공방을] 만들었어. 서로 나와서 대화를 하든지 그리고
하루 죙일 있다가 가는 거야. 지금은 서로 다 아니까 가끔 나와서
하는…. 그게 더 편하대. 그렇게 무리하면서 해도, 그게 속 편해요.
"이게 없었으면 나 진짜 벌써 죽었다. 벌써 똑같이 갔겠다" 그렇게
얘기를 한다니까요.

면담자   특히 생업을 그만두고 활동에만 매진하시는 부모님
들도 많으시잖아요.

은지 아빠   상황은 비슷하죠. 상황은 비슷해요. 다 힘들죠, 다.
일하다가 다 그만두신 분들도. 거의 여기 활동하시는 분들은 거의

회사를 그만두고 여기서 저거를 하시는…. 일을 다니고 하시는 분도 있고, 일을 다니면서 금요일이나 토요일 날 자기가 시간 남는 때 들어가서 활동하는, 피케팅을 하든지 뭐 어디 광화문에 가서 활동을 하고 그런 식으로 해요. 자기 시간 내서 그런 분들도 몇 명 되시고, 거의 자기 일을 포기하고, 접고….

면담자 　　아까 교실 존치 문제를 얘기해 주셨는데요. 그런데 지난번에 아버님께서 아이가 생각나서 잘 안 간다고 하셨어요.

은지 아빠 　　지금은 갑니다, 요즘. 거기 말고 분향소를 잘 안 가요. 분향소는 뭐냐, 거기 학교는 학년, 다른 반은 몰라도 우리 반은 있기 때문에 그거는 괜찮은데, 처음에 있을 때는 그렇게 안 갈라고 했었는데, 지금은 많이 가는 편이에요.

면담자 　　이제는 자주 가세요?

은지 아빠 　　가깝고 그러니까. 분향소 안에 들어가면 여럿이 있잖아요, 여럿이 학생들이 모여 있단 말이야. 그래 갖고 미안해. 또 미안하고… 거기가 그래서 좀 안 가고 싶어. 최대한 안 갈라고 그래요, 저는.

면담자 　　아직 안 나온 친구들이 있어서 미안하세요?

은지 아빠 　　안 나온 친구들도 있고. 거기 다 있으니까, 한 번[한 곳]에 다 모여 있으니까. 모여 있으니까 좀… 그냥 미안하더라고. 나는 그러고 별로 한 것도 없는데. 학생들이, 아이들 영정들이 있으니까. 학생들이 있는데, 분향소에 다 있잖아요, 거기. 우리 딸도 있겠지만은, 우리 딸도 있지만. 그래도 우리 딸만 보는 거야. 나는 거기 가면 이렇게 빨리 나가. 그런데 거기 가면 눈이 침침해 갖고 잘 안 보여. 눈이 별로 안 좋아지는 거 같애.

면담자　　　요즘에는 단원고 교실에 가서 3반 친구들을 보세요?

은지 아빠　　요번에도 저기 지역에 그거 해갖고, '길' 해갖고, 요번 주에 일요일 날 했었잖아요.

면담자　　　네, '기억과 약속의 길' 행사가 있었죠.

은지 아빠　　예. 일요일 날 했었는데, 그때도 교실을 가서, 처음에 내가 3반 가서 우리 반 애들 보고, 다른 애들 책상에 뭐 있나 보고, 써준 거 다 보고…. 보다가 잠깐 생각이 든 거야. 내가 여기 와서 '참, 우리 반 3반만 봤냐' 그 층은 3층에 있거든요. 3층에 그 1반부터 6반까지는 내가 봤다고. 계속 몇 번 봤는데, 전체를 안 봤어요. 그런데 그날 전체적으로 다 봤다니까.

면담자　　　아, '너무 3반만 봤다' 생각하셔서 가지고.

은지 아빠　　어, '3반만 봤다' 해갖고, 좀 그렇더라고. 다른 반까지 싹 다 봤어요. 또 아는 그, 8반 같은 데는 또 아는 아빠 있고, 자식 있기 때문에 보니까 뭐 좀…. 그리고 내가 딱 보니까 아유 남자들은 먹을 게 많네. 거기는 책상 위에 먹을 게 많아요, 남학생들은. 여자애들은 좀 이쁘게 해놓고.

면담자　　교실에는 언제 처음 가보셨어요?

은지 아빠　　거기서 그 선생 교무실까지 처음, 내가 사고 나고 교무실 처음으로 들어가 봤네. 사고 터지기 전에 한 번 가봤고, 사고 난 날. 그때 거기 교무실 들렀다 갔고, 그 터지고 나서 교무실 내가 처음 가봤어요, 그때. 일요일 날 그때 가봤는데. 나는 선생보다는 딸내미들이랑 애들 보는 게 더 나아. 선생들도 믿음이 안 가갖고. 좀 심했었던 선생도 있지만은, 우리 선생님도 불쌍하고. 〈비공개〉

9
적대적 시선을 가진 사람들에 대한 생각

면담자　　〈나쁜 나라〉라는 영화가 개봉을 하잖아요. 지금까지 1년간 부모님들의 투쟁 활동을 다루고 있는데요. 아버님도 보셨어요?

은지 아빠　　아직 안 봤어요.

면담자　　앞으로 안 보실 생각이세요?

은지 아빠　　보긴 봐야 되는데…. 아 씨, 보면 또 이상한 사람 나와갖고.

면담자　　어떤 생각 때문에 머뭇거려지세요?

은지 아빠　　또 그 생각난다고.

면담자　　　　은지 생각 나서서요? 〈나쁜 나라〉는 참사 이후 정부의 문제와 부모님들의 활동에 대해서 많이 다루고 있는 영화라고 제가 들었거든요. 그런 영화가 만들어지고 일반 시민들한테 개봉이 된 거잖아요. 그래서 이런 영화가 만들어지는 의도라든가 이런 거에 대해서 공감하시는 편이세요?

은지 아빠　　　하죠. 알고 있을라면 좀 제대로 알고 있으라고. 모르는 사람들이 많으니까. 막 이상한 소리 하고, '[유가족들이] 저녁 때 거기서 모여갖고 땡땡거리고 논다'. [배·보상을] 안 받은 사람도 있거든. 안 받고 지금도 싸우고 있는 사람이 있는데, 그게 인원이 좀 적을 뿐이지, 아직도 싸우고 있는데… 그거를 모르는 사람이 많다니까. 무조건 돈 받아서 잘 먹고 잘사는…. '그러면 니가 똑같이 해갖고 너 애들 저기 사람 장사하라'고.

　　지 자식이 그렇게 상황에서, 똑같은 상황에서 그렇게 하게 되면 똑같아요. 누구나 다 똑같애. 그러고 자기 혼자 싸우라면 힘들어. 이렇게 국민들 도와주고, 그런 사람들 있으니까 또 버티는 거지. 진짜 가족끼리만 모였어도 힘들어. 진짜 힘든 거예요. 전국적으로 국민들이 자기 할 일도 되게 많을 거 아냐, 그거 시간을 쪼개면서 와서 도와주고. 자기가 할 수 있는 거는 조금이라도 자기가 할 수 있는 것들을 도와주고 하는 게, 이게 되게 힘들어요. 진짜 마음에 우러나지 않으면 그거 못 해. 도와준다는 그 자체가, 나도 그런 게 없었는데 뭐. 그 전에는 그냥 '아, 참 불쌍하다' 그러고 넘어갔었거든. 그런 생각은 했지. 이해는 했었어, 이해는. 내가 그 일을 당하고 보니까 그게 느껴지는 거야.

그 과정이, 애 보내고 나서 활동을 했었잖아요. 뭐 도보 행진 하고 했을 때 제가 도보 행진을 한 이유는 좀 잊어볼라고. 애 죽었다는 그 주변의 사람들하고 많이 대화했을 때, "아직 안 끝났냐? 배·보상받았냐?" 뭐 그때도 배·보상 얘기가 나왔으니까, "얼마 받을 거냐?" 그런 얘기가 뒤에 많이 있었다고. 그때도 그걸 잊어볼라고. 그거 듣기 싫고, 그러고 일도 손에도 안 잡히고. '그만두고 도보를 하자. 도보를 하면 좀 잊겠지'. 잊지는 못했어요. 걸으면서 "힘내세요" 뭐 하는 얘기들 많이 듣고 그러니까 그 행진하면서 여러 사람이 도와주는 거야. 우리가 특별한 거 하는 게 아닌데, 단지 그 일하나 겪었는데, 그래도 주위에서 막 응원해 주고, 박수 쳐주고, 또 같이 도보를 같이 하시고. 그러고 쉬는 때마다 간식거리 막 제공을 하고.

그거 보니까 '아유, 내가 저렇게, 아니 다른 사람이, 내가 아닌, 내가 겪은 게 아닌 다른 사람이 그런 상황이었을 때 내가 저렇게 할 수 있을까?' 속으로 [생각]했을 때 '아, 저건 못 하는데. 저렇게는 못 하는데' 평소에도 저렇게 못 했었는데. 그걸 봤을 때, 내가 이제 겪고 나니까 내가 느끼는구나. 평소에 안 하다가, 평소에도 뭐 불쌍하다 하고선 뭐 도와주긴 도와줬었어요. 많이 뭐, 적극적으로는 안 하고 가끔 좀 도와줬는데. 그걸 생각하고 보니까, 도보 할 때도 그런 걸 많이 느꼈어요, 많이 배우고. '나도 진짜 내가 이렇게 겪어서 아니까 다른 사람도 도와주자' 그런 식으로 많이 해봤어요. 보니까 도보 할 때도, 진짜 도와주는 거야. 고마운 사람이 너무 많은 거야. 거기서 가면서 내가 나에 대해서 욕질을 하고 있었어, 내가. 그 와중에도 도와주는 사람이 엄청 많다고.

면담자   그런 도와주는 분들 말고 대신 욕하거나 안 좋게 말하는 사람들은 안 보려고 하세요?

은지 아빠   아니, 보긴 봐요. 대들지는 않아요. 처음에는 했을 때는 막 대들고 "니가 뭐냐? 니가 아냐?" 막 그렇게 하고 "너 죽을래?" 그렇게 했었는데, 그냥 들어요 그냥. 그렇거든, 저기 내가 욕 많이 먹어 오래 살거든요. 욕 많이 하시라고. 욕 많이 먹고, 똥칠할 때까지 살라고.

면담자   나쁜 사람이라고 생각하세요?

은지 아빠   나쁘지는 않죠. 왜 그러냐면, 모르니까. 모르니까, 지 일이라는 걸. 지 방해되는 것만 생각하고, 모르니까. 〈비공개〉

면담자   '몰라서 저런다'라고 생각하시는 거예요?

은지 아빠   그죠. 자기들이 모르니까 자꾸 나쁜 쪽으로 욕을 하고 그러는 거예요, 그 사람이 나쁜 게 아니라. 방송에 제대로 안 나온 걸 대충 듣고, 또 이상한 사람한테 말 들어갖고, "왜 보상, 쟤네들 끝난 일 아니냐? 왜 또 하고 있냐?" 그런 식으로 하는 거야, [자기들] 장사 못 한다고. 실제를 아는 사람이면 왜 그렇게 하고 다니겠냐고.

그러고 우리가 그 사고가 안 터졌으면 뭐 하러 거기 행진하고 그러겠냐고, 당신들한테 일을 방해하면서 그렇게 하겠냐고. 안 되니까. 이것도 저것도 "이렇게 해달라" 하는데도 안 되니까. 우리가 뭐 편하자고 하는 거 아니잖아요. 편하자는 게 아니라, 우리나라를 좀 응? 나중에 이런 상황이 또 일어나니까 그걸 방지하기 위해서 진상 규명을 해갖고, 그걸 조치를 해갖고 제도를 시키자 이기지. 그런 상황인데, 지 자식, 지 손자들이 또 그런 상황이 되게 되면 그걸 방지하기 위해서 그걸 하고 있는데, 그걸 요구하고 있는 거라고. [그런데] 뭔가 이해를 못하는 거예요, 제대로 얘기를 못 들어서.

아직도 모르는 사람이 많아요. 제대로 보고 해야 되는데. 그것도 뭐 핸드폰도 있고. 스마트폰도 잘 다루는 사람들이, 컴퓨터도 잘하는 사람들이 그걸 못 본다는 거는 좀 이해가 안 돼. 근데 이렇게 핸드폰 막 봐. 열심히 봐. 그러면 나중에 집회, 저 피켓 나가면 "이거 왜, 뭐예요?" 막 욕질을 한단 말이야. 그냥 가만히 있어요. 괜히 이렇게 하면 싸움만 나고 하니까.

누가 또 저번에 분향소 내가 있었을 때 또 광화문에 있었는데, 또 행패를 막 친 거야. 애들 사진 찍고. 술 이렇게 돼갖고, 옆에 가니까 술 냄새 엄청 나는 거야. 싸우지도 않았어. 가만히 있다가 "아, 그냥 가십시오" 여기 인제 우리 국민대책위, 4·16연대에서, 거기 광화문에 있잖아요. 거기 계신 분이 또 "가라"고, "그냥 가라"고 좋게 했었어요. 막 이것도 촬영을 내보내서 방송에 내냐. 뭐 이렇게. "아, 그냥 가시라, 술 드셨으니까 내일 오셔서 사진을 찍든 뭐 하세요" 이렇게. [그런데] 어거지를 한 거야. 그래 갖고 내가 가서 "아, 그냥 가세요" 이렇게 이렇게. 싸움 나면 괜히, 굳이 뭐 하러 싸우겠어 그거. 술 때문에, 술 먹은 거 때리면 폭행인데. 경찰이 있어 갖고 경찰한테 "좀 술이 취해갖고 내보내야 되니까 내보내겠다"고 그렇게 했다니까. 그러니까 그 사람이 사진 찍어서 다른 사람 보여준다고. 근데 그 사람은 허가를 안 받고 왔단 말이야. "왜 그 애들 사진을 왜 찍냐"고. 거기서 우리 애가 사진을 찍었단 말이야. 그쪽을 함부로 고소[하겠다고] 하면, 그러니까 그 얘기를 하게 되면 싸움이 커져. 그래서 그 얘기를 안 했어. 그 얘기를 안 하는데, 그 얘기를 할 뻔했죠. 그 얘기를 하면서, "당신이 사진 찍어갖고 애들 얼굴 나오면, 애들 얼굴 나오기 싫은 부모들이 많은데, 이걸 당신이 뭐 공유를 했어. 그러면 당신 고소당할 건데, 그때 경찰서 가서 보면 당신 분명히 얘기할 거 아니냐. '술이 취해갖고. 아유, 실수를 했습니다' 그렇게 나올 거 아니냐". 그렇게 얘기할라고 했었어요. 얘기는 안 했는데, 그때 싸움 날까 봐. 분명히 그럴 거 아니에요? 분명히 그럴 것 아니야? 당신이 이렇게 해서 경찰서를 갔어. 그러니까 초상권 권리 침해해 갖고, 저기 고소를 하면 가갖고. 자기가 할 말이 그거일 거 아냐. "아, 그때 술 취해갖고 몰라요" 알면서도 그렇게 된다 말야. 그럼 이 새끼, 저 새끼 하면서 싸움이 나. 싸움이 나는 거, 그거 이제 방지하기 위해서 보낸 [거야]. 괜히 그런 사람하고 싸우게 되면 이미지가 문제가 아니라 보기가 안 좋아. 그 한 사람 때문에 싸워온 것도 아니고, 그 윗대가리 보고 싸워온 건데. 그러니까 좋게 이렇게 보내야지.

면담자　　　아버님도 그렇고 부모님들이 열심히 활동하시잖아요. 그렇게 많이 하면 좀 바뀔 거라고 생각하는 편이세요?

은지 아빠　　　어떤 저걸 바꾼다고?

면담자　　　그러니까 '내가 활동을 함으로써 진상 규명과 책임자 처벌도 하고, 한국 사회도 더 안전한 사회로 만들 수 있다'고 생각하면서 활동하시는 건가요?

은지 아빠　　　그렇긴 한데, 내 생각에는 가능성이 좀 희박해요. 대통령 임기가 끝나야 돼요. 그때 될 거 같아. 그러니까 대통령 자체가 저런 생각으로, 어떤 저 급한 상황이 발생하잖아. 그러면 대통령이란 사람이 그걸 적극적으로 했어야 되는데, 대처를 하고 뭘 해야 되는데, 전혀 대처를 안 했어. 대처를 안 하고 "국민들은 니들이 알아서 해라", 나 몰라라 하고 그냥 거의 외국으로 가버렸잖아, 거기 초청도 안 했는데. 이유는 뭐냐면 국민을 저버리는 거야. '니네는 니네고 나는 나다' 그런 소리야. 그게 무슨 대통령이냐고. 그게 바뀔 거 같아요? 그다음에 이걸 또 "이렇게 하자" 그러면 "나 몰라" 하고 또 외국 갈 건데. 그러면 뭐 대통령 있을 필요가 없는 거지. 옛날에 그 노무현 대통령 했을 때는 탄핵하고 그러더만, 박근혜 할 때는 전혀 탄핵을 안 하니까.

면담자　　　그때까지는 할 수 있는 만큼 해봐야겠다?

은지 아빠   할 수 있는 건 해보는 거야. 할 수 있는 건 해보는데, 개 임기 끝나기 전까지는 힘들어요.

면담자   그때까지 계속 활동하시기에는 부모님들이 너무 힘드시지 않을까요?

은지 아빠   해보는 거는 이제는 법으로 따져야 되죠.

면담자   법으로요?

은지 아빠   응, 법으로 하는. 니네들 그렇게 법, 법 좋아하는데 법으로 따지자고. 무조건 법, 어떤 법에 이런 게 있으니까, 몇 조에 몇 항에 있으니까. 경찰이 하는 거 있잖아, "몇 조에 몇 항에 의해 갖고". 그거 한번 해보자고 똑같이. 법적으로 해갖고, 니네들이 함부로 막았으니까 법적으로 똑같이 해보자니까. 법으로 했으면 법으로 따져야지. 법, 법 그러는데, 처음에는 몰랐지, 그런 거를. 전혀 몰랐지. 이런 게 있고 저런 게 있고 그런 거를 요새 같으면 툭하면 법, 법 그러잖아. 무슨 법, 법 해갖고 법에 있다고. 똑같이 나도 법 공부해 갖고, 씨발, 시간도 많이 남는데, 법 공부해 갖고 똑같이 한번 해보자고. 법, 법 그러는데 법으로 하면 법으로 하자, 이거여. 니네들 정말 좋아하는 법이니까 법으로 해보자, 누가 이기나. 꼬다리 만들어갖고 다 법으로 만들어갖고 해줘야지 뭐. 그러고 그걸 또 지네들 법을 고치겠어요, 당장? 아니잖아요. 찾아보면 다 있어. 노력하느냐에 따라서 틀리지. 하면, 노력하면 돼. 지금 내가 게을러서 그렇지.

195
•
3회차

면담자   하면 될 거 같으세요?

은지 아빠   하면 될 거 같애. 법으로 하면, 니네들 법으로 하니까 법으로 따질 거 같애. 딱 그거 딱 이거고, 몇 조에 몇 항 딱 펼쳐 갖고, 몇 조에 몇 항에 당신은 여기 진로 방해를 했습니다. (탁자를 치며) 딱딱 진짜 고발하는 거야. 얼릉 다, 그냥 다 하면 되지. 고발하면 돼. 〈비공개〉

10
단원고 교실 존치의 의미와 교육청에 대한 불만

면담자   간담회 가시거나 선전전을 다니시면 어린 친구들 호응이 훨씬 좋죠?

은지 아빠   아유, 물론이요. 이게 어른들보다 학생들이 진짜, 그렇게 안 하는 거 같은데도, 학생들이 이해를 많이 해. 그러니 우리가 피켓을 하잖아요. 어디를 가도 피켓을 [호응]하는 [사람은] 거의 학생들이야. 거의 내 또래나 좀 위쪽의 사람들은 안 해. 보긴 봐. 보긴 보는데, "좀 서명 좀 부탁합니다" 하는 게 다예요. 일부는 있어요, 일부만 하신다고. 하는 사람은 해요. 거의 다 안 하는 사람이 많아서 그렇지. 그런데 학생들은, 저기 세월호 나오면 벌써 사진 딱 와서 지네들이 해요, 설명을. 정보를 공유하고 아니까, 금방 아니까 뭐 "서명 좀 부탁합니다" 서명 말 나오기 전부터 와서 한다니까. 그러면 여기 서 있으면, "서명 좀 부탁합니다" 했더니, 어디 학교 정책위에서 "참여를 받고 싶습니다" 그러면, 그때 가서 나이 든 분들이 뭐 조금 하고 그러는데, 학생들은 아니라니까요.

나는 학생들은 진짜 고맙다니까. 다른 사람은 몰라도 나는 같은 또래나 그 위쪽에 가서 하면 못 이겨. 왜 그러냐면 우리의 미래는 학생들이거든. 너네들이 나중에, 우리가 나이를 먹고, 똑같은 나이 먹었을 때, 늙었을 때 애네들은 다시 그거 한단 말이야. 그때는 틀린단 말이야. 우리 같은 똑같은 생각을 안 한단 말이야. 그러니 어디 뭐 행사 있으믄, 학생들 뭐 아프고 하믄 춥잖아 그러면 내가 입는 것도 줘버리고. 그때도 뭐 해갖고 저기 도시락을 싸 왔는데, 도시락이 한두 개 남았어요. 가방에 있다가 학생이 또 밥을 안 먹었대. 그러니까 뭐 어떡해. 김밥을 하나 먹고 있어서 가방에 밥 줬다니까, 먹으라고. 어른 같으면 안 주는데 내가, 학생이니까 주는 거야. 뭐라도 주머니 넣어놓으면, 쪼그만 애들 있으면, 고등학생이나 중학생 말고 애들 있잖아, 초등학생이나 유치원 애들 뭐 이렇게 그러면 옆에 사탕 있으면 줘갖고 "야, 이거 먹어라. 이거 하나 먹어라".

그전에도 그렇게 했는데, 이 일을 겪고 나면서 더 관심이 가. 애들 많이 챙겨야 돼. 우리 애들도 챙기고, 학생들도 챙기게 되고. 나는 은지 후배라든지 선배 애들을 가끔 집회에서 만나요. 그러면 "안녕하세요" 그러면 "어, 그래" 아니면 만나면 "점심 안 먹었지? 점심 먹으러 가자. 내가 사줄게", "아니, 됐어요. 일 있어요" 그러면.

아니면 점심을 내가 사주고 그렇게. 저번에 은지, 작년 말고 재작년 8월 달에 그때 은지 생일 때도 후배하고 선배들이 사고 터지고 나서 그다음에 애들이 와갖고

면담자   2014년 8월이죠.

은지 아빠   예. 분향소에서 내가 마침 분향소에 있어갖고, 그래서 와갖고 딱 보니까 다 은지 후배, 선배야. "가자"고, "저기 내가 저녁 사줄 테니 가자"고 해서 데려갔어. "고맙습니다" [하니까] "괜찮아, 은지한테 고맙다고 그래. 은지가 시켰어, 밤에 찾아와서 시켰어(웃음). '아빠, 내일 나 생일인데 후배들하고 선배들 오니까 잘해줘' 그러더라" 그랬더니 고맙다고.

면담자   은지의 친구들도 졸업을 하잖아요. 그러면 단원고 교실은 아버님한테 어떤 의미인가요?

은지 아빠   지금 유일한 그 공간이 학교밖에 없거든요. 학교도 지금 뭐 추모관도 안 만들어놓고 진행이 안 돼 있단 말이야. 처음에 그 진행을 했었으면 거기라도 해갖고 옮기든가 했을 텐데 진행도 안 되고. 안산에 오게 되면 사람들이 볼 게 분향소 외에는 없단 말이에요. 그러고 애들의 흔적이에요. 애들 영정 사진 보러 오는 게 아니라 애들 흔적을 보는 거예요. 애들이 이런 상황에 있고, 그러고 또 일반 국민들이나 사람들이 시민들이 와서 그거를 학교에다 붙이는 이유가 뭐냐면, "잊지 않겠습니다"[라고]. "절대 잊지 않겠습니다". 다 붙여놓은 거 아니에요. 재학생이나, 재학생 그 학생

이나 시민들도 와서 그거 다 붙인다고 "잊지 않겠습니다" 그 의미를 사람들이 이 의미를 왜 모르겠냐고. 자기가 쓴 거 아녀. 자기가 와서 "잊지 않겠습니다" 이제 3학년 올라가는 학생들도 있어. 다 "선배님들 잊지 않겠습니다" 딱 이렇게 해놨단 말야.

면담자   단원고 재학생들 중에서요.

은지 아빠   어. 근데 이거 없애버리면 "잊지 않겠습니다" 말을 할 필요가 없잖아요. 없앤다는 건 잊어버리겠다는 거 아냐, 잊지 않는 게 아니라. "잊지 않겠습니다"라면 영원히 보존을 해줘야지. 거기 가서 사람들이, 일반 사람들이 와서, 안산에 '이런 상황 겪었구나. 예전에 학생들 있었구나' 그리고, 거기 붙여놓은 거는 외국에[서] 와서 번역해서 보는 사람도 여러 사람 있을 거 아냐. 교육 차원에서 좋은 거야. 이런 상황 있으니까, '이런 상황도 있구나. 잊지 않고 여기 찾아주는 사람 있겠구나'.

멀리서 오신 분들도 와서 보고 그러는데, '교육상 이미지가 안 좋다?' 교육상 이미지가 더 좋지. 봐갖고 이런 사고 안 일어나게 자기네들이 해야지. 나도 그래요. 딱 보면 여기 와서 시민들이 봐서, 서로 국민들 위해주고 이렇게 서로 "잊지 않겠다"고 "고맙다"고 적어놓은 거 이런 거 그거 한번 보란 말이야. 우리가 보지 말라는 거 아니고 보란 말이야. 보고 느끼는 거지. 모르는 분들도, 학생들은 와서 봐서 '아, 이런 상황 있었구나' 그러니까 글씨 써 있는 거 보니까, 내용 보니까 고맙고. 나중에 또 이런 일 안 하게 해야 교육상 더 좋은 건데…. 그 사람들이 머리가 나쁜 건지, 내가 머리가 너무 좋아서 그런 건지…. 존치하는 이유가 그거란 말이야.

애들 사고 터지고 그랬을 때 "잊지 않겠습니다, 기억하겠습니다" 했는데. 지금은 "잊어야 되겠습니다, 먼저 없애고 봐야 되겠습니다" 그런 식이야 지금은. 그러니까 지네들이 다 썼을 거 아냐 그거. "기억하겠습니다, 잊지 않겠습니다", 눈물 흘리고 그런 사람들이 이제 와서 시간이 지나니까 "이거 빨리 없애버립시다. 잊어먹읍시다", 그런 식이야. 그러면 제 생각을 했어야 되는데….

면담자 단원고 재학생 부모님들 말고 재학생 학생회가 있죠?

은지 아빠 있죠.

면담자 혹시 학생회도 뭔가 역할을 하고 있어요?

은지 아빠 학생회는 그렇게 안 하는 거 같애. 거의 학부모들이 그 활동을 제지를 하고 있고. 그러니까 내가 한번 물어봤어. "당신은 여기 와서, 단원고 와서, 들어가 봐서 알잖냐", '잊지 않겠습니다. 기억하겠습니다' 했을 거 아냐. 지금 이제 3학년 올라가는 학생들도 다 거기 와서, 뭐 해갖고 다 썼을 거 아냐. 근데 그걸 없앨려고? 주위에 선배고 후배고 그 시민들이 와서 다 편지 쓰고, 그 보게 하려고 다 붙여놨단 말이야. 그거를 없애자고? 그걸 다른 데 똑같이 옮기자고? 그게 하나[되나]?

안산에서 했는데, 안산에서 사고 일어났는데, 그거 보존을 해야지. 보존을 하기 위해서 우리가 이렇게 얘기를 해갖고, 이렇게 근방에 새로 지어갖고, 뭐야, '애들 학교에 지장 않게 해주겠다' 해갖고, 권위 있는 [건축사가 대안을 설계했는데] 다 무시하는 거 아냐, 이제 와서. 내 생각하는 거 다 적어갖고 붙여놨는데, 그거를 그대로 보존해야지 그걸 똑같이 어떻게 다 옮길 수 있냐고 그걸. 다른 데 옮겨도 그걸 똑같이 어떻게 옮겨? 일일이 다 붙여갖고, 어디다 꽂아놔도 힘든데. 그거를 굳이, 그거를 전체적으로 딱 해갖고 옮기는 거 할 바에, 그걸 딱 보존을 하고 [신축 교실을] 짓는 게 훨씬 낫지. 그러니까 우리나라 사람은 자꾸 하면[생각해 보면], 머리가 나쁜 거 같아. 그게[일을 이렇게 하는 법이] 어디 있어. 그리고 내가 저번에 그 생각도 들었다니까. 그 건물을 짓게 되면 어차피 교육청에서 그게 나와요.

면담자   네, 예산이 나오죠.

은지 아빠   어. 공사해 갖고, 그거 해준다고 했었어. 근데 재학생 부모들이 그거를 반대하는 이유가 나는 이해가 안 돼. 자기 돈 들어가는 것도 아니고, "우리 공사하니까 돈 얼마 내시오" 그것도 아니었다고. 자기 돈 한 푼도 안 들어가는 거야. 해주겠다는데, 건물 지어주겠다는 게, 이쁘게 지어갖고 학생 공부할 수 있게 해주겠다는데, 그걸 싫다는 거는 진짜 내가 할 때는 납득이 안 가. 자기 돈도 안 들어가는데.

면담자   왜 반대한다고 생각하세요?

은지 아빠   그거 어차피, 응. 내가 재학생 새 건물 들어가고 돈 안 들어가고 그렇게 해준다는데, [나는] "고맙지" 했어요. 그러고 그거 설계 해갖고, 설계 도면 딱 해갖고 그렇게 하면, 봐, 좋잖아요. 의미도 더 좋고. 그러고 거기 뭐 이렇게 통로 막아서 사람들 왕래하면 여러 사람들 보고 그러니까, 학교 차원에도 그렇고 교육 차원에도 뭐 폭력적도 없고, 예방에도 좋고. 거기 학부모들 뭐, 우리 같은 사람들도 유가족들도 거기 자주 올 거 아냐. 그러면 거기가 좀 어두침침하면 좀 밝게 비춰갖고 그러면 폭력도 안 쓰고 예방에 얼마나 좋은데. 그거 하나 지어갖고 이게 좀 좋아지겠지 나쁘지는 않아. 서로가 좋아하는 쪽으로 생각을 해보면. 그때 상황만 보지, 그다음에 상황을 몰라. [교실을 보존해서] 진짜 나쁘면 철거를 했는데, 나쁘지 않거든. 의미적으로도 맞는 건데, 거기서 뭐 사고 있을 거 같애요? 항상 유가족들 왔다 갔다 하는데? 그럼 보면, "너 뭐야?" 이렇게 잡을 수 있는 거고.

면담자　　　학교폭력 같은 거 말씀이시죠?

은지 아빠　　　응, 그런 것도 되고. 와서 또 이게 여러 군데서 와갖고, 외국에서도 하라고 뭐 촬영하는 사람 오고. 〈비공개〉 좀 이렇게 미래를 생각을 해봐야지. 미래를 [생각] 안 하고, 그때그때 상황만 생각하는 거야, 그때 상황만. 그리고 주위에서 그걸 자꾸 주입을 시키는 거야. "아, 이거 안 된다. 이거 엄청 안 된다". 안 되는 방향으로 자꾸 얘기하는 거야. 이거를 했을 때 나중에 좋은 점이 있을 거 아냐. 좋은 점을 자꾸 이야기를 해갖고 주입을 시켜야 되는데,

은지 아빠 한홍덕

나쁜 쪽으로 얘기하는 거야. "이거 안 치우면 뭐 애들 뭐 공부하는
데 뭐 어떻다" <여고괴담>이야? 그런 거 주입을 시키게? 무섭다
고, 귀신 나온다고? 귀신이 왜 나와. 내가 옛날에 그 할머니 때 있
을 때는 귀신이 뭐냐면, 옛날에는 거의 화장을 안 했어요. 매장을
했단 말이야. 매장을 했기 때문에 그 혼[에] 의해서, 그 혼이라는
게, 나는 혼이라는 거 아직도 믿어요. 지금 모르겠는데, 혼이 있다
는 거는 믿는 편이에요. 혼이, 시신이 있으니까 시신에 의해서 형
태가 나올 거 아니에요. 시신이 하여튼간 와갖고 귀신이 되었다 그
러면 이해를 해요. 근데 애들 다 화장했는데 뭘 갖고 귀신이 왔다
갔다 하냐고. 혼이, 아니 귀신이 나와도 혼이 보이나? 우리 눈에?
안 보인단 말이에요. 옛날에는 보였대요. 옛날에는 귀신이 왔다 갔
다 하면, 우리 할머니 때는 그때 물어보니까, 옛날에는 막 귀신들
왔다 갔다 무섭다고. 지금은 아닌데, 뭐 귀신이 어디 있어요? 없지.
착각이지. 애들 다 화장시켰는데 뭔 귀신이 어디 있냐고. 뼈만 있
는, 뼈도 다 태워먹고 가루밖에 없는데.

면담자   교실에 있는 은지 유품을 집에 가져오고 싶지는 않
으세요?

은지 아빠   그거는 안 가져오고 싶고. 거기 있는 대로 놔두고.
은지 책상이, 애들 책상에 들어가면 멈칫하잖아, 사람들이 뭐 갖다
놓으니까. 그런 거는 내가 가져와요. 몇 개 일부만 가져와. 그래 갖
고 버리지는 않고 일부만 가져와 갖고 은지 책상에다 보관을 해요.

[교실 책상 위에] 너무 많으믄 다른 사람 또 못 갖다 놓고, 편지라도 써[써놓은] 그런 거 있으니까 리본 놔두고, 나머지 싹 다 들고 가는데. 그게 책상을 가져오면 거기 [교실에] 한 자리 비어버리잖아.

면담자   그렇죠.

은지 아빠   그걸 왜 가져오냐고. 거기 딱 있어. 지금도 꿈에 안 나타나, 뭐야 작년만 해도 꿈에 한 번 나오고 안 나왔거든.

면담자   올해 한 번도 안 나왔어요?

은지 아빠   예. 올해도 그렇고. 올 초에도 안 나왔어요. '애들이 인제 학교 가서 떠들고 있나' 그런 생각이 들어. 근데 그 떠들 공간이 이제, 부모들이 인제 이사 가갖고 그런 사람들이 많아요. 나는 이사 갈 기간인데, 안 갔다고. 혹시 은지가 와갖고 집 못 찾을까 봐. 이사 가면 모르니까. 그 뭐 은지 사진이나 있으면 그럼 어떻게 찾아가겠죠. 찾아가는데, 혹시 항상 다니는 길인데 못 찾을까 봐 우선 있었다고. 다른 부모 같은 분들 이사 가고, 다른 데 사니까 애들이 거 가도 없어. 집에 아무도 없고, 인제 못 찾는단 말이여. 그럼 어디 가겠어?

면담자   학교로 가겠네요.

은지 아빠   어디로 가요? 학교로 가지. 그럼 학교에서 인제는, 가니까 애들 많으니까 수다 떨고 할 공간을 만들어줘야지. 응? 혼이 있으니까, 걔네 영혼들이 거기 가 있으니까 그걸, 그 공간을 만들어줘야 될 거 아냐. 그 취지로 하는 거죠. 아이들도 있을 거 같아요. 아이들도 와서 풀고, 갈 사람 가고. 다른 생애로 가는 사람도 있고, 또 거기서 아직도 얘기하고.

면담자   같이 놀 친구들은 놀고.

은지 아빠   어, 막 놀고. 그런 거 있을 거 같아요. 그게 우리 눈에 보이지 않지만은 그게 보인다면 분명히 거기 놀고 있을 거라고. 다들 이사 가고 딴 데 없으니까, 아무데도 못 찾으니까 유일한 곳이 거기인데.

면담자   이사 간 부모님들도 학교에는 오고 싶지 않으실까요?

은지 아빠   안 오는 사람도 있죠. 가끔 오기는 오겠죠, 거기.

면담자   좀 다른 얘긴데, 교육청이 교실 존치 문제에서 한발 뒤로 빠져서 단원고에서 알아서 하라는 식으로 넘기고 있고, 부모님들 중에는 교육청이 참사의 책임자이자 수습의 책임자임에도 아무것도 안 하고 있다고 주장하는 분들도 계시잖아요.

은지 아빠   그죠. 그러니까 교육청 같은 데는, 그 우리 입장에서는 제3자라고 생각을 하면 되고. [교육청은] "일차적으로 그렇게 됐으니까 [희생 학생 부모가] 재학생 부모하고 합의를 봐라. 니네들이 적극적으로 제안을 하면 우리는 [들어주겠다]" 근데 우리가 제안했을 때 우리도 그 상황에서 정신이 없단 말이야. 그러면 지네들하고 학교 측에서 이렇게 뭐를 했든 간에 어떤 뭐 계획이 있을 거 아녀,

제안이나 계획이 있을 거 아냐. 계획을 딱 짜갖고 애들을 옮기는, 처음부터 '애들 옮겨갖고 이렇게 안치시킨다' 그런 식으로 해갖고 했어야 돼. 원래 교육청에서 그렇게 적극적으로 했어야 된다고.

면담자　　　참사 초기에요?

은지 아빠　　　예. 초기에 하고, 자기들 먼저 그렇게 설치를 해야 돼. 그러면 인제 그걸 이렇게 건의 사항으로 이렇게 올렸을 거 아네요, 학교로. 그러면 유가족 부모랑 재학생 부모가 와서 봐서, 교육청에서 이런 제안이 나왔는데, 한번 보고 서로 의논해서 해가[해서] 좋은 자리 있으면 찬성할 사람 많이 있을 거 아니에요. [그렇게] 했어야 되는데, 그게 하지도 않고. 거기다가 또 재학생 부모 같으믄, 저기 왜 이건 [같이] 당했으니까. 교실을 뭐 못 하면 뭐 그때부터 "교실은 좀 안 되겠다. 다른 데 옮겨가지고, 우리 교육청 가서 얘기를 같이 하자. 가서 이렇게 제안을 해갖고 하자". 그런 얘기를 했었으면 몰라. 안 했단 말이야, 그것도. 둘 다 안 했단 말이야.

면담자　　　작년에도 그런 얘기가 없었죠.

은지 아빠　　　어, 둘 다 안 했다고. 그 얘기가 한 번도 안 나오다가 우리 유가족이 그거 다시 [교실 존치 방안을] 만들어갖고 했는데, 당신들은 제안도 안 하고, 어떻게 하자는 말도 없었고. 안 하다가 인제 우리가 유가족이 이렇게 한 거야. "이렇게 설계해 갖고 이렇게 하니까 이렇게 보존하자". 이것도 저것도 니네들이 제안을 안 하니까 우리가 제안을 한 거라고. 했는데도 지네들이 안 했다고, 거부를 했단 말이야. 안 받았단 말이에요. 안 받았다가 지금 이제 와서 우리가 그렇게 설득을 하고, 팜플렛[팸플릿]도 뿌려주고 했는데도 안 했단 말이야. 이제 와서 이제 졸업식 시즌 거의 되니까 빼돌라는 거는…(한숨) 그거는 진짜 도저히 이해를 못 하는 거야. 그렇게 얘기하고, 상담해 갖고 이렇게 좋은 쪽으로 사진기하고 설계사 동의를 해갖고, 그거 기본 해갖고, 사진 해갖고 다 [제안을] 만들어갖고 보여줬는데, 이제 와서 그거 공사를 한대. 건너편에 거기 따로. 거기서 [공사를] 2년은 한다고 그러면 2년 할 동안 [교실을] 빼라는 거 아냐. 빼라는 거 아녀.

면담자   어떤 공사요?

은지 아빠   이제 국민 민주 뭐 시민공원? 그 추모관.

면담자   아, 단원고 옆에다가 추모관을 만들고 주차장도 만들자는 말이 있었죠. 그게 누구 의견이에요?

은지 아빠   그 앞에 공원에. 교육청에서 그렇게 말하는 거야. 그 앞에 공원이란 말이야. 공원인데, 거기다 공간에 짓는단 말이여. 그러면 그 공사하는데 시끄럽지?

면담자   그렇죠.

은지 아빠   소음 공해라고. 그리고 거기가 또 그 근방 시민들의 휴식 공간이란 말여. 그 휴식 공간을 왜 없애느냐고. 우리는 휴식 공간을 없애는 게 아니라, 그 학교 들어가는 옆에 공터, 약간 공터

가 있어요, 공터 그걸 이용하라고. "이쪽에 운동장에 약간 공터가 있으니 고거 이용을 해서 건물 하나를 짓고, 이쪽에 또 애들 추모 관을 하나 해갖고 우리 [교실] 있는 데하고 연결을 해갖고 거기만 이렇게 차단을 시켜갖고 거기 만들자". 그거 얘기한 거지, 뭐 시민 들 공간, 공원까지 뺏어가면서 그렇게는 안 한다 이거지. 그 시민 들 산책 공간인데 왜 그거 뺏어 와서 그거까지 공사를 시키냐고. 그 공원을 조성을 해갖고 공간을 만들 바에 차라리 화랑유원지에 서 하나 만들지, 뭐 하러 거따가 만드냐고. 화랑유원지 그 공터 있 잖아, 빈 공터. 거기다가 만들면 되지, 추모관 해갖고 거기다가 애 들 다 옮기면 되지. 그것도 먼저부터 추진을 했어. 그런데 그것도 안 하고, 이제서 그렇게 한다면 누가 하라겠어? 나도 안 하지. 뺏을 라 하는데, 못 한다고.

이제 일이 닥쳐오니까, 애들 졸업해야 하고, 또 신입생 받아야 하니까 시간이 촉박하니까 얘기를 한 거야. 우리가 그렇게 사정사 정 얘기하고, 이렇게 하자고 주장할 때는 안 하고. 이제 와서 시간 이 거의 되니까 그게 한다는 거는, 그것도 납득이 안 가고, 이해가 안 가요. 이제 와서 그렇게 얘기하면, 처음부터 했을 때는, 처음부 터 교육청에서 제안을 했었으면 보완을 하든지 이렇게 해서 서로 합의 보게 했었으믄 그때 상황에 있어서 나왔을 거 같다고. 작년쯤 했었으믄. 이제 시간 다 돼갖고 할려니까 그게 되나? 안 되죠. 안 먹히는 사람 많은데, 안 먹히는 부모들이 많은데? 부모들은 서로 막 노숙하고 못 뺀다고. 빼서 어떡할라고? 못 빼, 못 뺀다고 그건.

빼도[빼지도] 못 빼요, 함부로 못 건드린다고. 건드리면 어떻게 할라고 그걸? 자기들만 손핸데, 빼면 거기는. 교실에 애들 처분하려면[하려고 하면] 거기서 몇 명 죽을 거예요. 이것도 저것도 못 지키는데, 진짜 박근혜 죽이는 거 떠나서, 거기 빼면 다 죽을 거라고. 죽일라고 벼르시더만.

면담자　　예?

은지 아빠　　죽일라고 벼르고 있는 사람들이 많다니까? 그거 함부로 못 건드리게. 〈비공개〉 근데 거기서 함부로 그거 뺄 거 같아요? 못 빼지. 지네들 당장 죽을 거 같은데? 맞아 죽을 거 같은데? 그렇게 사정사정 얘기를 해갖고 좋게 좋게 얘기를 했더니, 그때는 안 하고. 이젠 지네 급하다 보니까 막 이렇게 조치를 해갖고 한다고. 그게 기간이 2년 걸린다면, 그전부터 했으면 벌써 공사 끝났네. 끝마무리 되겠네.

면담자　　그렇죠.

은지 아빠　　졸업하기 전에 거의 2년 가까이 되잖아요. 작년에 일 터졌으니까 작년에 9월 달에 했으면 지금 1년 지났다가, 내년쯤 한 6월 달이나 7월 달쯤에 될 거 아니에요. 그렇게 만들면 되지. 그렇게 기간을 만들어주고, 그렇게 공간에 시간을 만들어주면 좀 잘 좀 둘러보고 좀 신경을 쓰고 그래야 했었는데, 인제 시간이 촉박하니까 안 되는 거예요. 이것도 안 되고, 저것도 안 되는 거예요. 우리는 못 하죠. 절대 못 하지. 내가 거기서 노숙을 가든지, 아니면 칼을 하나 들고 가서 건드리면 다 잘라버리든지. 아니면 저기 사제폭탄 만들어갖고 들어오는 즉시 작살내 버리든지. 아니면 그 건물 완전히 무너뜨리든가. 그건 쉽지. 애들 있는 건물 안 무너지게, 강당이나 애들 다 내보내고 싹 무너뜨려 버려. 폐교. 있는 사람도 못 다녀요 그건. 그런 상황까지 만들려냐고. 그런 상황 만들기 전에는 그렇게 한다 이거지 나는.

나는 아예 [단원고를] 폐교시키고 싶어. 이것도 저것도 했는데, 고민을 안 하니까. 아예 폐교시키고 거기 우리 아예 기념관으로 다 아예 만들어, 추모관 이것도 다 그 공간에다가. 애들 다 [다른] 학교 보내버리고, 폐교시켜 버리고. 완전히 극단적인 방법이죠, 폐교시키는 게. 있는 공간을 그렇게 활용하라고 얘기했는데도 안 되니까. 아니믄 이 공사가 그러니까 뭐, 앞에 막 공사가 그렇게 맞는지 알어? 공사 기간이 2년이니까, 2년 동안에 신입생을 안 받든지. 공사할 동안 학교도 옮겨야지. 공사하는 중에 그거 옮겨놓으면 아무 의미도 없단 말여.

면담자   어떤 공사요?

은지 아빠   그 민주교육원인가 뭔가 그거를 만들 때. 2년 동안 공사하고 있잖아요. 그러면 애들 거를 안산교육청에다가 별관에다가 옮긴단 말이에요. 옮겨놓게 되면 2년 동안 공사를 할 동안에 새로 들어가라? 그러면 거기에 있다는 거는, 거기 가게 되면 몰라, 모르는 사람이 많아. [시민들이] 몰라서 안 온단 말이에요. 왔다가도,

그 단원고 와도 "어, 이거 없어졌네? 어디 갔지?" 하면, 가르친다면 갈 수 있는데, 안 갈 사람이 더 많다고. 몰라. 그러면 2차 작업을 해요. 2년 공사가 끝나도 다시 그걸로 옮기잖아요. 공사 끝나서 옮기면 모르는 사람이 많단 말이야. 아무리 우리가 에스엔에스(SNS)고 뭐고 [알리고] 해도 몰라. 모르고 잊혀져 가버리는 거야. 그 2년 동안에 다 잊어버리는 거야. '[단원고가] 거기 있었는데 폐교해서 없앴네' 하면 그 길 가다가 다 잊어버리니까, 거기다 다시 생겨갖고 옮겨도 모르는 사람이 더 많은 거야. 그, 그 방위를 [찾지를] 못해 사람들이.

우리는 그래서 웬만하면 안 옮기는 방향으로. 그러니까 존치하겠다잖아. 존치하면 어차피 여러 사람 와볼 것 있냐 이거야. 공사할 때까지 있자 이거야. 사람 받지 말고 공사는 그냥 해. 그러면 되지. 저기 사람들 그 있는 동안 찾아올 거 아냐. 항상 기억하고 그 다가[그러다가] 바로 옆으로 옮겼어. "어, 이거 어디 갔어요?" 그치만 바로 여기 있잖아, 그럼 매일 찾아온단 말이야. 그렇게 하지 않으면 그냥 뭐 그 안산교육관 가서 거기다 하는 거는 벌써 치워버리겠다는 거예요. 필요 없다는 거지.

면담자   단원고 존치에 대해서 지금 현재 당면한 문제들이라든가, 생각 등을 말씀해 주셨는데요. 지금 상황은 어떤가요? 학교에서는 1월 말까지 정리하라고 했던가요?

은지 아빠   1월 11일 날.

면담자	11일까지 정리를 하라고 하나요?
은지 아빠	네. 교육청에서 그렇게 나오는 걸 반대를 한 거죠.
면담자	정말 얼마 안 남았네요.
은지 아빠	근데 빼지는 못해요. 빼기는 힘들고.
면담자	근데 워낙 정부에서는….
은지 아빠	그렇게 만들어가요. 옛날에도 그렇게 했었잖아요. 국회에서 '진상 규명하고 특조위 만들라' 그렇게 해갖고 지금 싸웠잖아요. 도보도 하고 뭐 하고 했을 때도 방해 공작이 많았었단 말이에요, 그때도. 그러고 거기다가 그냥 특조위 활동하는데도 거기다 잡고, 서로 안 할라고 그러고 했죠. 무시하는 쪽으로. 좀 지네들이 이렇게 만들어갖고 해라고 했었을 때는 그걸 진행을 해야 되는데, 뭐가 되든. 지네들 죄가 없으믄 마음 놓고 하면 되는 거 가지고, 죄가 있으니까 뭐가 찔리는 게 있으니까 못 하게 하는 거 아냐. 자기가 여당 위원은[이라도] 그 직책을 안 받고 순수한 위원으로서 진상을 꼭 밝히겠다 [마음먹고], 밝혀내 갖고 문제가 없으면 끝나는 거 아닌가? 문제가 있으니까 자꾸 뭔 얘기하면 "사퇴시킨다" 그러고. "그만둔다"고 그거 하는 거 보면, 뭔가 숨기고 있는 거를 자꾸 감추려고 하니까 우리는 자꾸 그거를 밝힐라고 얘기를 하고 그러니까 더 밝히고 싶은 거지 이제.
면담자	아버님 생각에 말씀이죠?

은지 아빠 어, 자기네들 너무 숨기니까 뭐 하나 얘기를 해갖고 좀 밝혀야겠다[는 거지]. "대통령이 7시간 동안 뭐 했냐, 애들 그렇게 큰일이 터졌는데 그 시간 동안 뭐 했냐?" 얘기도 안 했고. "뭐 했냐?" 물어봤을 때 얘기도 안 했고. 그리고 [유가족들이] 대통령하고 한번 면담했을 때, "언제든 찾아와서 얘기해라, 뭔 일 있으면 얘기해라" 하는 그런 대통령이 나 몰라라 해버리고, 국무총리도 만나라고, "면담 신청해 갖고 만나러 오세요", 해갖고 갔더니 경찰들이 막아버리고 못 들어가게 하고. 집회했을 때도 허가받고 이런 집회를 했으니까 우리가 뭐 청와대를 가냐? 청와대를 간다고 우리 신고를 안 한 거, 안 했었지. 또, 집회 그 끝나는 장소, 광화문, 청운동 동사무소까지 간다고 허가를 받고, 지네들 "어, 그래. 가라" [해서] 허가서 갖고 갔는데도 막았다는 [것이], 이유가…. 뭔가 되게 감추는 게 너무 많은 거야. 못 가게 거기를 못 가게, 왜 못 가게 해? 그거 사람들 다 다니는 길인데. 그리고 우리는 엄연히, 지네들이 법, 법 그러는데, 법 따져갖고 허가를 받고 간 거예요. 못 갈 이유가 뭐냐고. 뭔가 숨길라 그러고, 뭔가 감출라 그러고.

그거를 국민들한테 알려야 되는데, 알리지 못하게 막는 거잖아, 결론은. 그러니까 알리지도 못하게 하니까, 뭐 언론사들도 지들 보도를 안 하고. 이런 사항이 있으면 보도를 해갖고 하게 만들어야 되는데, 보도도 못 하게 처벌시켜 버리고. 보도를 했어도, 그거를 지네들이 보도를 했어요. 자료가 있을 거예요, 어딘가 있을 거예요. 있는데 그것도 방송 못 내게 해버리고 그러니까 국민들이 모르는 거야. 모르잖아요. 모르는 사람이 많다니까요. 그러니 왜 차단을 시키냐고. 도보할 때도 사람들이 "왜 아직 끝나지 않았냐? 또 그거 하냐?" 이게 모르니까 하는 거야, 모르니까. 모르게 만들어. 그러니까 방송에서 그러잖아. 방송 어디 사건, 사고 보면, 방송에서 뭐 하나 누가 뭐 잘못하면 그거를 집중적으로 막 해버려. 그 사람 원래 그런 사람 아닌데, 그런 사람들이 아닌데 방송으로 때려버리는 거야. 방송은 아무것도 모르고. 모르고 때렸단 말이야. 그럼 그 사람은 아무 죄가 없는데 왜 그 사람은 왜 이렇게 죄 있는 것처럼 이렇게 만든 것처럼. 이게 방송의 힘이라는 게 세요, 사람들이 방송을 보기 때문에. 근데 그거를 제대로 안 했고. 정부에서 차단시켜 버리고 그러니까 거기에 있어서 내가 조금 그거에 대해서 미움이 많아요.

11
근래의 일정과 활동

면담자　　요새 보통 하루 일정이나, 주 5일의 근황은 어떻게 되세요?

은지 아빠　　스케줄은 그냥 놀고먹고 하는데(웃음). 그럼 내가 미안하니까 행사 있으면 분향소 가고.

면담자　　3반 일정 있을 때는 되도록이면 나가려고 하세요?

은지 아빠　　　어, 그거는 나갈라고 해요. 잠깐잠깐 간담회 좀 가고.

면담자　　　　네. 간담회 가서 말씀도 하세요?

은지 아빠　　　그전에는 말 못 했어요. 근데 [이제] 좀 말을 하는 편 이에요. 이번에도 '뉴스타파' 인터뷰를 했었거든요. 교실 존치 얘기 를 했죠. 근데 웬만하면 안 할라고 그래요.

면담자　　　　왜요?

은지 아빠　　　말재주가 별로 없어 갖고. 얘기했던 그전에 그것도, 얘기하더라도 웬만하면, [만일 저쪽에서] 이름을 물어봐 봐요[물어본 다고 해봐요]. 주로 이제 은지 이름을 대요. 그러면 "웬만하믄 저 얼 굴 안 나오게 해주십시오" 그전에도 얼굴 안 나오게 막 카메라를 피하고 했었다고. 마스크 쓰든지 이렇게 했다고. 웬만하면 얼굴 안 나오는 방향으로 하자고. 너무 이렇게 사람들 너무 알게 되면, 좀 문제가, 큰일이 많이 있었어요. 그때 아버지 돌아가시기 전에, 작 년에 돌아가셨는데. 아니, 올해 돌아가셨구나. 올해 돌아가셨는데. 아직도 몰라요. 돌아가실 때까지 [은지 사고 소식을] 안 가르쳐줬어 요. 가지도 않았고, 혹시 또 이상한 소리 할까 봐. 그러니까 애들 이렇게 죽었을 때는 사람들이 애들 이렇게 보상금 나오고 하는 거, 그거 많이 떠들었으니까. 그 얘기 나오면 보상금 돈이 나오니까 "야, 돈 벌었으니까 돈 얼마 줘라" 그런 식으로 나올까 봐, 아예. (면담자 : 주변에서?) 응, 얘기를 안 해요. 그때 상황은 그렇게 됐다니까요. 애들 죽었으니까 국가에서 보상을 얼마 해준다, 뭐 해준다고 나왔었잖아요. 그러니까 이게 불쌍하다고 생각을 안 하고, 돈으로 보이는 거지. 애들 팔아가지고 이제 "야, 너 얼마 있으니까, 얼마 필요하니 돈 줘라" 그런 식으로 말을 돌려서 얘기를 하겠죠. 그런 식으로 해요.

면담자　　　그래서 인터뷰 같은 데도 얼굴 내보내거나 그런 건 잘 안 하셨나요?

은지 아빠　　　예. 많이 그렇게 안 할라고. 그리고 기자들이 그렇게 했을 때, 인터뷰를 했을 때도 내가 얘기를 해요. 웬만하면 얼굴 안 나오는 방향으로 모자이크 처리를 해줘라. 이름을 밝히면 그냥 내 이름 하지 말고, 그냥 은지 이름으로 하라고. 은지가, '한은지'라는 이름이 많아요. 내가 페이스북 가끔 이렇게 해봤는데, 은지 이름이 많아요. 그거는 괜찮다. 애 이름은 괜찮은데, 내 이름은 아니다. 내가 웬만하면 가르쳐주는데.

면담자　　　건강은 어떠세요? 올 초에 또 수술받았다고 하셨죠?

은지 아빠　　　아픈 거는 없는데, 술을 강하게 먹다 보니까. 그전에는 안 그랬어요. 요 몇 달 동안은 술을 많이 먹게 되면 막 기억력이 없어지는 거야. 처음에 일차적으로 딱 먹었을 때는 그거를 기억을 해요. 술 먹어서 취해도 필름이 그게 했는데[끊어지지 않았는데], 그 다음부터는 기억이 안 나는 거야. 막 술 먹고 끝나고 집에 오는 동안 그 생각이 아무 기억이 안 나는 거야. 그래 갖고 집에 와서 막 싸워도 아침에 일어나면 "내가 어제 왜 그랬냐?" 막 그렇게 물어봐. 기억이 하나도 안 나는 거야, 아예. 기억이 조금 나야 되는데 전혀 생각이 안 나는 거야. 그게 지금 몇 번 그랬어요. 그 외에는 하여간 뭐 그렇게 별다르게 아픈 데는 별로 없고. 웬만한 거리는 웬만하면 걸어 다닐라고.

면담자 이제 술도 줄이시고 운동도 하시려고 하시나 봐요.

은지 아빠 하는 방향으로 좀 해야죠. 술 먹고 필름 끊어지고 하니까. (면담자 : 건강이 걱정돼서요) 그러니까 왜 그러냐면, 그전에도 회사 다닐 때도 술을 먹잖아요, 회식하잖아요. 술을 그때는 안 먹었어요, 별로. 딱 하루에 한 번, 내가 회식 가면 한 잔[병] 반, 많이 먹으면, 그럼 취해요. 그럼 집에 가고. "나 먼저 갈게" 하고 집에 가버린다고. 아니면 같이 있었으믄 내가 뭐 은지랑 ○○이랑 집에 있을 때는 내가 남는 거는 내가 싸 오거든. 먹을 거 딱 싸와갖고 갖다주고. 그러니까 많이 챙겨 가는 편이지요. 어차피 버릴 거 가까우니까 이제 내 회사 사람이니까, 알아서 해라고. 따로 포장해 갖고, 항상 가져가니까. 아니면 내 돈으로 해갖고, 맛있으믄 사서 가요. 〈비공개〉 그런 상황이 하다 보니까 가거든 막 기억도 잊어먹고.

그러니까, 근데 2년 전에 그 팽목에 있던 일이 참 기억이 나도, 가끔은 기억이 잊어먹어요. 그때 그 상황이. 내가 이것도 진짜, 이것도[구술도] 잘한 이유가 내가 고마운 게 뭐냐면, 차츰차츰 그 기억력이 희미해지는 거야. 은지 어렸을 때 어떻게 했지? 그것도 이게 충격을 받다 보니까 그게 막 기억이 사라지는 거야. 그러니까 집에 와서 술 먹고 인제 회식 끝나고 집에 와서, 술 먹고 집에 오잖아. 자, 무조건. 무조건 잔다고. 요새는 무조건 자면 다 기억이 없어져. 잊어먹는 거지, 내가 뭘 했다는 걸.

그러니까 회사에서 회식을 했을 때도 술을 이렇게 먹잖아요. 한 병 반을 먹잖아요. 그러믄 취한단 말이야. 근데 거기서 더 먹게 되면 실수를 해요. 그전에, 이전 회사, 여기 다니기 전 이전 회사에서 술을 너무 과하게 먹어서 실수를 한 거예요, 상대방에. 그 뒤로 해갖고 술을 내가 자제를 했다고, 그래서. 술자리 어디서 하게 하면, 딱 그만큼 내가 술이 딱 되면 거기서 딱 끝내. "나 이렇게 안 먹는다". 그러면 멈춘다는 거지. 처음에는 몰랐었지. 그 후로는 계속 이렇게 먹어버리니까 아예 안 먹이는 거야. 술을 줄였는데, 이제는 또 이거 터지니까 막 술을 자제할 필요는 [없어진 거지], 막 먹어대니까. 초기에는 막 먹어대니까 안 취하는 거예요. 잠도 안 오고. 원래 그 시간에 그렇게 술을 많이 먹으믄, 그러니까 평소에 먹던 거에서 한 2배 이상, 거의 3배 이상 먹어요, 술을. 그러니까 뭐 한 병 반 먹으믄, 한 네다섯 병을 먹는다고, 하루에. 그렇게 못 먹거든. 그렇게 먹으면 많이, 막 정신없는 거야. 못 일어나. 근데 그렇게 먹고, 새벽까지 막 2시까지 먹고 눈 딱 뜨면 5시나 4시쯤밖에 안 돼, 많이 잔 것 같은데도. 못 잔다니까요. 요새는 좀 자는 편이에요, 늦게 자니까. 그전에는 거의 9시나 10시면, 땡 하면 자요. 그거[그리괴 아침에 한, 일찍 가니까 5시쯤 일어난다고. 근데 지금은 술을 먹든 안 먹든….

면담자   밤에 잠을 일찍도 못 주무시는 거죠?

은지 아빠   아니 일찍 자기는 자요. 일찍 자는데도 많이 못 자요. 내가 그렇게 술을 먹었는데도, '좀 편하게 자야겠다' 생각하면, 근데 술을 너무 과하게 먹었을 때는 좀 오래 자요. 근데 이제 아침에 일어나면 생각이 안 나는 거죠. 그 기억을 갖고 싶은데 기억이 안 나는 거야.

면담자   어머님은 술 많이 드시고 주무시는 걸 이해하는 편이세요?

은지 아빠   근데 내가 거의 그전에는 계속 집에만 있었다고. 이렇게 쉬면서 활동은 안 하고 거의 집에서 많이 있다 보니까, 애 엄마가 분향소를 가든지 뭐, 어디 "나가라"고. "사람 만나가지고 술 한잔 먹든지 가라". 부모님들한테서 전화가 와요. 그때는 누가 만나자고 하면, "어, 나가, 나가" 그러고. 광화문이나 분향소 가서 활동하게 되면 "어, 내가 갔다 올게" 그러면 뭐 적극적으로 해요. 하도 집에만 있으니까.

면담자   어머님도 걱정이 드실 테니까요.

은지 아빠   지금은 저, 좀 지났으니까 직장에 나가갖고 다니다가, 직장 다니기가 힘들고. 뭐라도 해야지, 해야 되는데 뭐 이렇게 할 의욕이 없어. 너무 놀아서 그런지 몰라도, 하여튼 아무리 놀아도 그 자식들한테 뭔가 해야 되는데 할 맘이 안 나는 거야. 의욕이 없어. 괜히 그거 해갖고 얘네들 세금이나 줄 바에 안 하는 게 낫지. 세금 아깝다니까. 아무것도 안 하는데 무슨 세금을 갖다줄라고 하냐고, 세금 줄라고 안 한다니까. 내가 세금을, 그 국민의 한 사람으로서 그 일부에 책임을 준단 말이야. 그럼 제대로 해야 될 거 아냐 일을 안 하잖아. 지네 책임은 다 받아먹고, 이상한 데 쓰고.

12
가족들과 함께하려는 진상 규명 이후의 삶

면담자　　제가 마지막으로 드리고 싶은 질문 중에 하나가, 지난번 구술하실 때 진상 규명이 다 되고 나면 은지랑 조용한 데 가서 생각하면서 살고 싶다고 하셨잖아요. 요즘도 그 생각에 변함이 없으신지요?

은지 아빠　　그때 얘기했을 때는 그렇게 생각을 했어요. 근데 지금은 어차피 여러 사람 또 얘기를 해갖고, 있는 사람은 같이 있어야 되니까 같이 있는 방향으로…. 내가 떨어져서 산다 하면 일단은 밑에 있는 자식들도, 나와 있는 자식들이 힘들까 봐. 그래도 내가 뭘 하든 간에, 그래도 부모님이 같이 있다는 게 그거라도 애들한테 좀…. '해준 게 없으니까 그거라도 해야겠다'고 생각하고 있어요.

근데 은지 데리고 가서 나 혼자만 조용히 있는 거보다는 그래도 은지가 있으면서도 남아 있는 자식들을 위해서 같이 있는 게 나을 거 같아요. 다시 그렇게 생각했어요. 같이 인제, 따로 있게 되면 또 그러잖아요. 생각하면 걔네도 자식인데, 은지만 자식이 아니라 걔네도 자식인데 괜히 미안하잖아요. 나 혼자 살겠다고 해서 은지랑 둘이 끝나고 그 어디 있으면 좋아할 수는 없잖아요. 부모가 다 살아 있는데, 아버지라는 게 나 몰라라 하고 가라고 가버리면 자식들이 뭐라고 할 거 아냐, 있는 자식들이. 내가 아예 자식이 없고 그러면 은지 데리고, 애 엄마 데리고 같이 시골 가서 살죠. 근데 아직 둘이나 있는데, 걔네들 보기에는 좀 그렇잖아요. 엄마만 있는 거하고, 엄마, 아빠 같이 있는 게 아무래도 틀린데. 끝나도 있는 동안에는 뭘 하든지 같이 있어야겠다고 그렇게 생각을 했어요. 그전에는 그렇게 따로 혼자 살고 싶었는데, 지금 약간 생각의 그게 변화가 있었어요.

면담자   그래도 그전에 진실을 밝히는 활동은….

은지 아빠   해야죠. 하면서 인제 교실 존치는 더 적극적으로.

면담자   예. 지금 교실 존치 문제가 상당히 중요한 문제라고 생각을 하시는 거죠?

은지 아빠   해요. 우리 반별로 이렇게 해갖고 그거를 조사를 했어요. '존치에 관한 거를 이렇게 하면 어떠냐' 해갖고 하는데, 거의 찬성이 많았다고, 존치하자고. 뭐라도 된 게 없으니까 그거 하나라도 제대로 지켜야 될 거 아냐. 애들이 거기 있을지 없을지 몰라, 뭐 거기 있을 거 같은, 나는 희망이고. 아직도 거기서 놀고 있다는 희망이 있기 때문에, 그 공간을 없애게 되면 애들은 어디를 가냐고. 다 하늘나라로 보냈지만은 그래도 가끔 엄마, 아빠 보러 와야 되는데, 보러 와야 되는데, 보러 가니까 집에는 어디로 갔는지 없어지고 그러면 갈 곳이 어디겠냐고, 학교밖에 없잖아. 학교 있을 때, 학교에서 가갖고 학교에서 끝났는데, 그러면 학교밖에 없는데. 학교 가면 거기서 내가 자더라도, 밤에 자더라도 애들도 나와서 "아빠, 여기 왜 왔어?" 뭐 얘기할 수 있는… 내 거기 가서 자갖고 꿈속에서 나올지도 모르잖아요, 걔들이 거기 와서. 그 생각을 사람들은 좀 모르는… 나는 그렇게 생각할 거 같아요. 집에 안 오면, 학교 가서 자면 분명히 꿈속에서 나올 거 아냐. 거기 애들이 많고 "아빠, 나 잘 지내고 있어. 걱정 마. 힘내" 그런 말 막 듣고. 학교 가면 듣겠어, 느낄 거 같애. 그래서 거기라도 제대로 받자. 그러니까 2년 동안 뭐 하나 짓자고 하는데 어떻게 하겠어, 짓더라도 제대로 안 되고.

인양도 한다고 하는데 뭐 이상해 갖고, 뭐 하는지 마는지. 하긴 한다는데 그것도 공개를 안 하고. 인양하라니까 방송에 때려갖고 "아, 그거 인양 잘하고 있습니다" 이렇게 딱 보여줘 가지고 상황이 어떤지 보여주고 해야 되는데, 아무 말도 안 하고 공개를 안 하는 거야. 뭔가 자꾸 숨길라고 공개를 안 하는 거야. 무조건 밝혀야 돼. 뭐가 있을 거야. 뭔가 숨길라고 자꾸 이리 빠지고 저리 빠지고 막

은지 아빠 한홍덕

시간 끌고 그러는데. 자꾸 시간 끌잖아요. 뭘 숨겨야 되는데, 이걸 또 밝힐라고 누가 이렇게 하니까 이거를 또 숨겨야 될 시간이 있어야 하니까 자꾸 끌라 그러고. 그렇게 보인다니까? 그러니까 우리가 이거를 밝혀야 되니까 그걸 밝힐라고 딱 찔렀는데, 얘네들이 그걸 또 숨킬라고 '이걸 어디다 숨기지? 숨겨야지. 인제 지켜야지' 그래서 이렇게 뜨문뜨문 하는 거야. 그래서 이제 전혀 나중에는 이 이야기가 아니라 전혀 다른 얘기를 하는 거야. 이것도 밝혀야 되는데, 그럼 요거 요거 숨겨야 되잖아. 이거 생각도 안 한 걸 또 숨겨야 되니까 그거 때문에 또 지연을 하는 거야, 시간을 끄는 거 같애. 그러니까 정부가 머리가 좀 안 좋은 거 같애.

면담자   (웃으며) 유가족들이 머리가 더 좋은 거 같애요?

은지 아빠   아, 더 좋은 거 같애요. 그리고 뭔가 이거를 밝힐라고 고거 얘기를 딱 했어. 근데 애들이 시간 끌어갖고 숨길라고 정신없어. 나중에 하다가 이게 이거, 우리 생각에는 '아, 이것도 안 되네? 이걸로 다음 거 한번 찔러보자' 해갖고 요걸 찔러보면, 또 이거 또 또 숨길라고 시간을 또 소비하는 거야. 계속 소비를 하는 게 느껴지는 거지. 인제 우리 유가족 어떤 말이 튀어나올까 봐. 또 유가족, 또 분향소에도 가가지고 경찰도 그 누구 막 보고하고. "누구 왔다" 보고하고 그 많이 하나 봐요, 그걸. 예은이 아빠가 그 경찰 몇 번이나 빼라고. 지가 뭐 물어보면 뭐 "왜 들어왔냐"고 막아버리고 그러니까. 맨날 거기 있는 사람이 있는데, 매일 가는 사람 있는데 왜 몰라, 딱 보면 딱 알지. 그리고 "누가 왔습니다" 보고를 하는데.

면담자   와 있는 경찰을 알아보고 가라고 하신 거예요?

은지 아빠   아, 그냥 아무 소리 안 하고 그냥 보내든가, 아니면 보고를 하지 말든가. 보는 놈 다음에 "누가 누가 왔습니다" 하고 상부에다 보고를 하는 거야. 또 뭔가 얘기해 갖고 숨길라고 보고하고. 우리가 어디 가면 다 보고해 갖고 서로 다 알아요. 그때도 집에 있을 때도 우리가, 거기 얘기도 안 했어. 그냥 행사 간다고 그러는데 버스 차단시켜 버려.

면담자   다 서로 연락이 되고 있나 보군요.

은지 아빠   예. 뭐 하나 해도 그러니까 우리가 조용히 해도 다 정보가 다 새서 뭔 일 터지면 무조건 막아버리고. 작년까지, 작년 해갖고 올 6월 달까지는 거의 유가족이 가면 무조건 막았지. 무조건 차단이야. 왜? 우린 다 허가받았는데 왜 차단이야?

13
마무리

면담자   오늘 한 3시간 정도 말씀 나눴는데요. 최근의 여러 가지 문제들에 대해서 아버님이 생각하고 계신 것들이라든가, 아니면 2차 구술한 이후에 생각의 변화나 이런 것들도 솔직하게 얘기를 해주셔서 좋은 시간이 되었던 거 같습니다. 이 작업이 중요한 게 계속 기억을 확산시키고, 또 기억을 훼손하지 않는 거잖아요.

은지 아빠 그죠.

면담자 이런 기억들을 보존하고, 또 앞으로 세월호 참사에 대해서 사람들에게 널리 알리는 식으로 활용이 될 수 있도록 저희들도 맡은 바를 잘 해내야 될 거 같습니다. 오늘 너무 고생 많으셨구요. 수고하셨습니다.

은지 아빠 수고하셨습니다.

4·16구술증언록 단원고 2학년 3반 제2권

그날을 말하다 은지 아빠 한홍덕

ⓒ 4·16기억저장소, 2019

기획 편집 4·16기억저장소 ㅣ 지원 협조 (사)4·16세월호참사가족협의회
펴낸이 김종수 ㅣ 펴낸곳 한울엠플러스(주)
초판 1쇄 인쇄 2019년 4월 1일 ㅣ 초판 1쇄 발행 2019년 4월 16일
주소 10881 경기도 파주시 광인사길 153 한울시소빌딩 3층
전화 031-955-0655 ㅣ 팩스 031-955-0656 ㅣ 홈페이지 www.hanulmplus.kr
등록번호 제406-2015-000143호

Printed in Korea.
ISBN 978-89-460-6714-1 04300
    978-89-460-6700-4 (세트)
* 책값은 겉표지에 표시되어 있습니다.